アフターコロナ

V字回復する世界経済

強気の投資が膨大な資産を生むチャンス到来

武者 陵司
Ryoji Musha

ビジネス社

はじめに

武漢だけだと思っていたコロナ感染がまたたく間に全世界に蔓延《まんえん》し、医療崩壊はイタリア、米ニューヨーク州など先進国を直撃した。全世界の被害は感染者数500万人、死者数30万人と発生源の中国の約70倍に達し、最悪シナリオをはるかに超えたパンデミックの展開であった。世界的に経済活動がほぼ停止状態になり、あらゆる経済指標は戦後最悪、失業率は大恐慌以来最高になった。この新型コロナは感染力が著しく強く、ワクチンの完成、集団免疫獲得までは、withコロナの時代が続く。あと半年から最長で3年、この間の経済の完全回復は困難である。人的接触を回避しながら恐る恐る経済活動が再開されても、第二波、第三波の流行が起き、その都度活動は圧迫される。

世界株価はコロナ感染勃発後に4週間で4割という史上最速ペースの暴落となった。しかし、その後2週間で下落の半値戻しを達成、これまた史上最速の戻りであった。フィナンシャルタイムズなどの経済ジャーナリズムは、この株価の急回復はユーフォリア（多幸感）で持続性がないとキャンペーンを張っている。エコノミスト誌は「ウォールストリート（株価）とメインストリート（現実の経済社会）の危険な断絶」という特集（5月9日－15日号）で、楽観を戒めている。しかし先進国では新規感染者数は3月末でピークを打ち、経済は戦後最悪の低水準から上向いてきている。米国はじめ各国政府・中央銀行は禁じ手を連発して財政・金融救済策を打ち出し、経済、金融の崩壊を防いでいる。これが市場に安心感をもたらしているのであるが、手放しに楽観できる状況にないのは言うまでもない。

悲観論の根底には、リーマンショック後の経済成長は禁じ手政策の連発による砂上の楼《ろう》閣《かく》であり持続性はない、という大局観がある。コロナパンデミックは、いずれ下されるべき審判を速めたに過ぎない、というわけである。

これに対して私ははっきりと長期経済ブームの波は終わってはいない、コロナの後は再度上昇の波に戻ると主張したい。理由はコロナが歴史の流れを押し進めると考えられるからである。コロナパンデミックという世界的惨事が歴史の流れをせき止めていた障害物を一気に押し流し、長期的に経済成長率を高め、株価を押し上げると考える。

NYダウ工業株指数の推移と貨幣創造

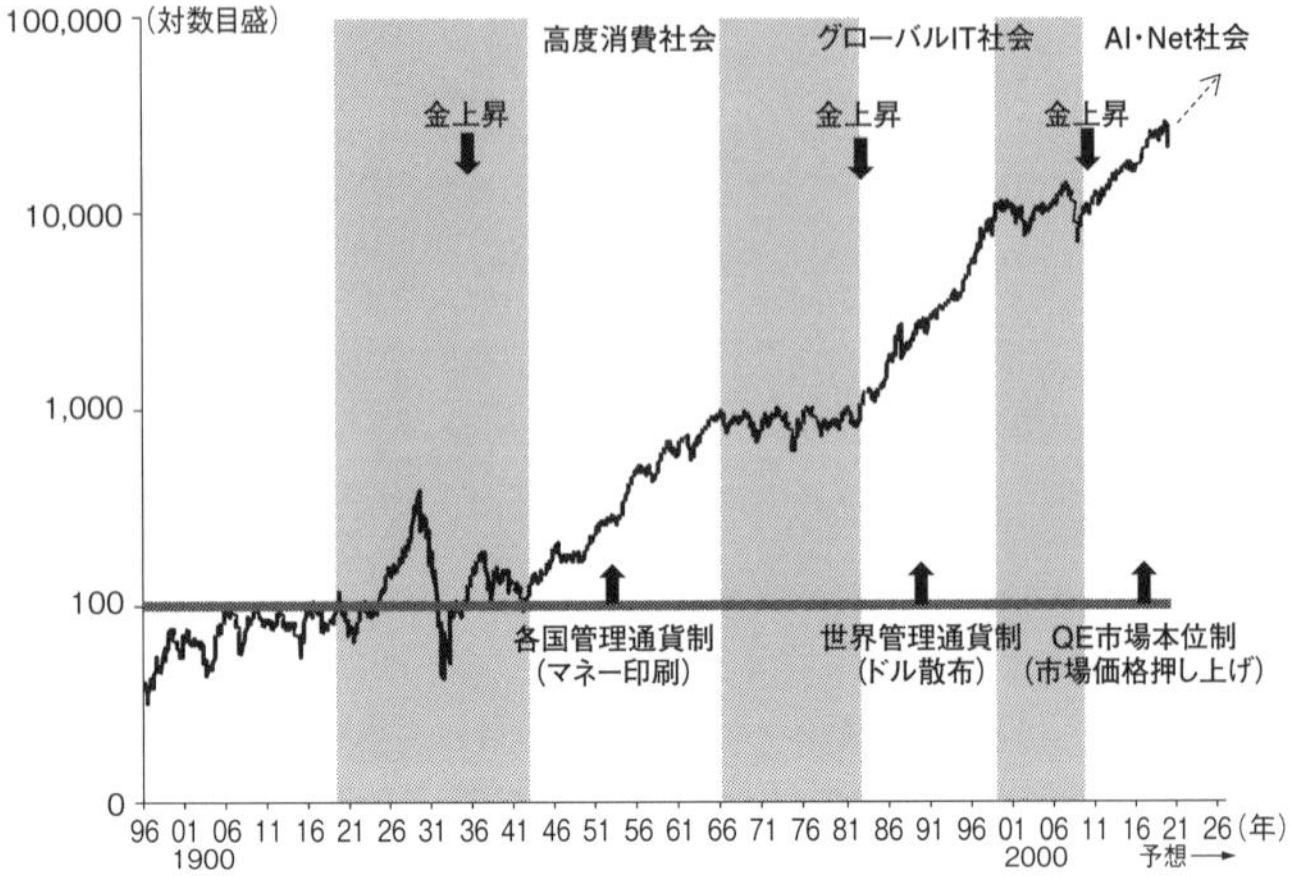

注:データは1896年5月末より月末終値ベース
出所:djaverages.com、武者リサーチ

誰しも一番知りたいのは、今まで続いていた経済繁栄が終わったのか、それとも一時的に遮断されただけなのか、であろう。コロナパンデミックが起きる直前までは世界経済はブーム状態、ネット情報通信革命が進展し、米国の失業率は3・5%と史上最低まで低下し、株価はリーマンショック後10年間で4倍になった。この長期的経済ブームが続くとすれば、株価の鋭角的戻りは必ずしもユーフォリアとは言えない。むしろ大きく下落したところは絶好の仕込み時ともいえる。

米国株式を100年単位で振り返ると、

20年間で10倍になるという長期ブームとその後の10年間の調整が繰り返されてきた。1950~60代年NYダウは100ドルから1000ドルへと10倍になったが、1970年代の10年間は1000ドルとまったくの横ばいであった。1980~90年代の20年間には1000ドルから1万ドルへと10倍になったが、2000年代の10年間はITバブル崩壊、リーマンショックという2つの暴落があり、ならしてみれば1万ドルで横ばいであった。2010年代に入り、再度20年10倍の勢いで上昇相場が始まっていた。この戦後3回目の大波が終わったのかどうかが問われる。

コロナ以前から3つの歴史的趨勢《すうせい》が起きていた。①ビジネス、生活、金融、政治のすべてを覆いつくすIT・ネット・デジタル化、②財政と金融の肥大化による大きな政府の時代、③中国の孤立化と国際秩序・国際分業の再構築である。しかしこうした歴史的趨勢は、牢固《ろうこ》な障害物により展開を阻まれ、それがここ10年近く世界経済の桎梏《しっこく》となっていた。障害物とは、ネット化に対しては既存の慣習・制度・変わりたくない抵抗勢力、大きな政府に対しては健全財政信仰、緊縮金融信仰、中国抑制に関しては中国経済力の脅威、中国の横車・恫喝《どうかつ》等である。

これらの阻害要因が歴史の流れを押しとどめ、澱《よど》みができ、政治・制度・経済・社会・生活等で大きなひずみが起こっていた。ここ数年顕在化していた世界経済の病、デフレ（＝供給力余剰）、ゼロ金利（＝資本余剰）、は変化を押しとどめる障害物が引き起こしたものと理解することができる。あとひとつの病、貧富の格差拡大も上述の阻害要因が是正の邪魔をしていた。コロナパンデミックはこれらの阻害要因をことごとく壊し、歴史的趨勢を加速させるだろう。コロナ感染が沈静化したとき、世界経済はより活力を高めているはずである。本来ならば何年もかけて、多くの失敗の後にようやくたどり着くであろうこれらの結論に、コロナパンデミックにより瞬時に到達できた。このことの意義は大きい。

コロナでインターネット活用とデジタル化の障害物、古い制度・習慣・変わりたくない抵抗勢力が吹き飛んだ。人と人との直接接触を避ける切り札としてのネット化が、有無を言わせない至上命令となった。なかでもテレワークの普及は働き方を劇的に変え、新しいライフスタイルとビジネスモデルを巻き起こしている。企業の外部閉鎖性の改革、労働時間の短縮・フレックス化、兼業・副業の常態化、テレワークの障害物であったハンコ文化の一掃、ドキュメントの紙からデータへの転換も一気に進んでいる。アリバイ作りで出社し、会議に出席しているだけの社員はあぶりだされるだろう。年功序列雇用が色濃い日本はネット導入とデジタル化に大きく立ち遅れていたが、ここで一気に遅れが取り戻されるだろう。多様な方向で労働編成改革が断行される。業務の外部委託がさらに進み、コスト削減と新たな商品開発の両方が進展する。

ＭＭＴ（現代貨幣理論）、シムズ理論（ＦＴＰＬ）等、財政を有効活用する経済理論と政策は、大多数のエコノミストの反対にあい、実現は困難であった。しかし、奇《く》しくもコロナパンデミックにより財政のけた外れの拡大は不可避となった。また、金融システムを守るために中央銀行はこれまで以上にバランスシートを大膨張させ、信用を緩和している。緊縮財政の縛りがなくなったことで、その後の景気回復は速まるが、だからと言ってインフレも金利急騰も起きない、株価が上昇するだけだろう。

そもそもコロナ感染が発生する前の世界経済は、物価低下圧力＝需要不足と、金利低下圧力＝金余りという２つの問題を抱えていた。需要不足はインターネット・ＡＩ・ロボットによる技術革命が生産性を押し上げ、供給力が高まっていたために引き起こされた。金利低下は企業の高利潤が遊んでいるために引き起こされた。
よって財政と金融双方の拡張政策で余っている資金を活用し、需要を喚起することが必要であった。遊んでいた資本と供給力が活用されることで、景気はコロナ感染前より良くなる。財政節度という今の時代にまったく適合していない呪文から解き放たれることは、本来最も必要なことであった。大恐慌が「ゆりかごから墓場まで」の近代的社会保障制度の起点になったように、コロナパンデミックが社会的セーフティーネットの飛躍的拡充、ユニバーサル・ヘルスケアの登場、ユニバーサル・ベーシックインカムの時代を開くかもしれない。

現在の国際秩序において中国のオーバープレゼンスが問題であることはわかっていたが、中国の圧倒的経済力、執拗な圧力・恫喝により、国際社会のベクトルはそろわなかった。しかしコロナにより国際社会は脱中国で腹が決まった。中国からの生産拠点のシフト、国際機関などでの中国の横暴の抑制、国際秩序再構築などは、有無を言わせない流れとなるだろう。

腹が決まったことで、不確実性も消えた。各国、各企業は中国の外に供給源を見出さないと競争に負ける。各国は中国依存のサプライチェーンの危険性を認識し、生産拠点をアセアン・台湾、米国、日本へ移す可能性が高まっている。中国に宥和《ゆうわ》的でファーウェイ製品の採用を決めていた欧州諸国も、それを見直すかもしれない。脱中国により、多くの地域・国で投資が活発化するだろう。しかし米中対決の当事者中国も覇権争いのさなかの景気後退は容認できず、景気テコ入れをし続けるだろう。

このコロナパンデミックがいつ終わるかはわからない。しかし終息の後には肥沃《ひよく》の広野が待っているだろう。

第1章 アフターコロナの世界経済

第2章 勢いを増すスーパーパワー、米国経済

第3章 弥縫策を続けざるを得ない欧州経済

第4章 成長の壁にぶつかる中国経済

第5章 一段と有利になる日本の立ち位置

第1章

アフターコロナの世界経済

株価暴落の本当の理由

とにかく今までにあまり経験したことのない下げ相場が、突如として現れた。

ニューヨーク・ダウは2020年2月12日に過去最高値の2万9551ドルをつけた。このときは、大半の市場関係者が3万ドル乗せも間近だと思っていただろう。私もその1人である。ところが、新型コロナウイルスの世界的蔓延《まんえん》が、見事にその期待を打ち砕いた。ニューヨーク・ダウは2月下旬から下げ足を速め、3月23日には1万8591ドルまで下落した。率にして37％の下落である。

4週間で約4割という株価暴落は、まさに史上最速だ。この株価下落のスピードは、2008年のリーマンショック、1987年のブラックマンデー、1929年の世界大恐慌といった歴史に残る株価急落を大きく上回っている。

まさに市場でメルトダウンが起きたのだ。

そして、この株価急落を見た多くの人は近い将来、必ず大不況が来ると恐れおののいている。恐怖指数といわれるボラティリティ（VIX）指数は、リーマンショック時に並ぶ

2020年3月:史上最速の15日で市場はベアマーケット入り
市場がベアマーケット(直近52週高値から20%下落)入りするまでの日数

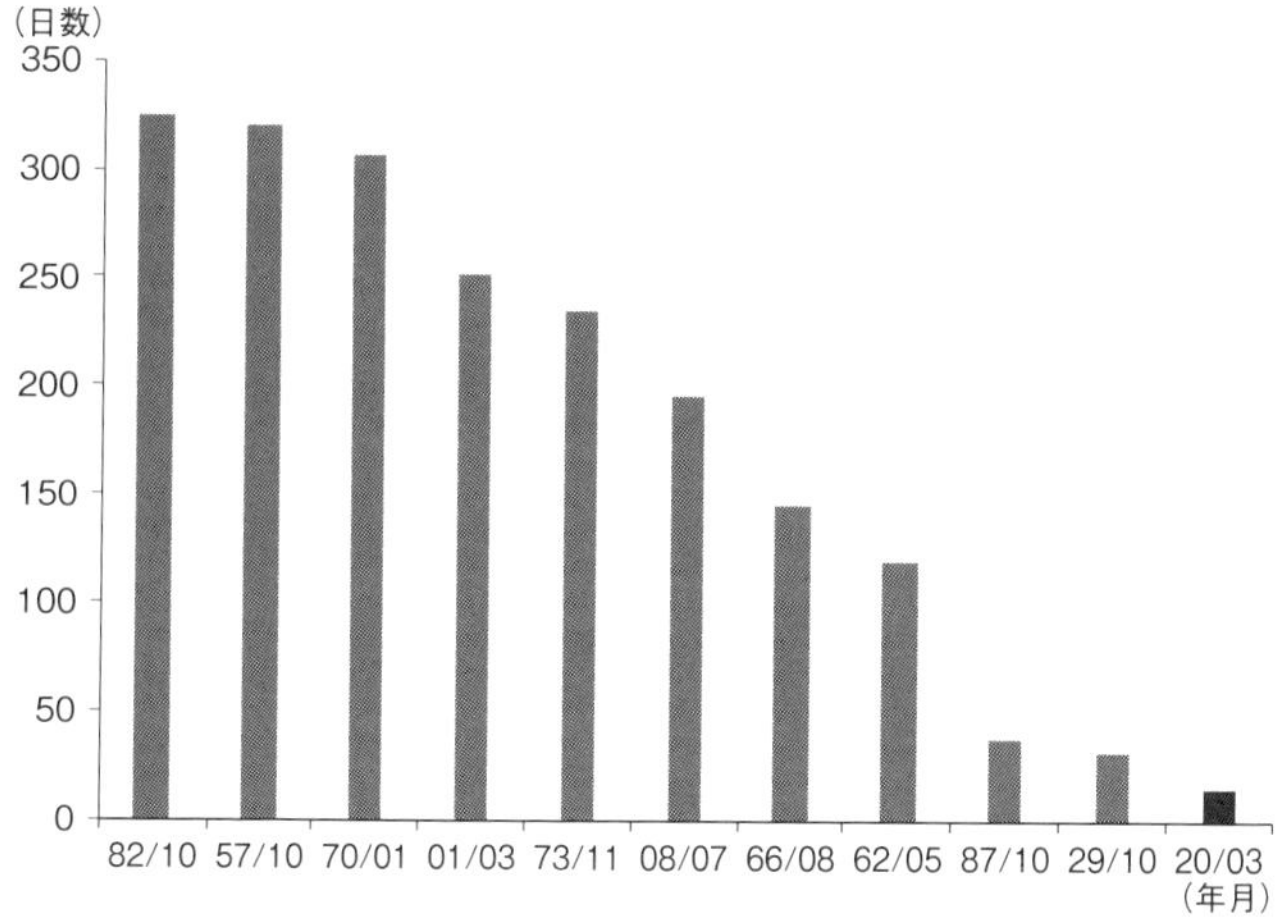

出所:S&P、ブルームバーグ、武者リサーチ

史上最高水準まで高まった。

なぜ、このような暴落が起こったのだろうか。要因は3つある。

第一は意外性だ。戦後、米国で起こったリセッション(景気後退)は、すべてインフレを抑制する目的で行われた金融引き締めが起点となっていたが、今回はインフレの気配もなく、金融緩和が進行中で金利は歴史的低水準にあった。もしこのままリセッション入りとなると、それは米国がいまだ経験したことのない形になる恐れがあった。しかも、リセッションに対する備えがまったく成されていなかった。

第二は不確実性だ。敵はウイルスと

いう自然物であるが故《ゆえ》に、いつ終息するのかがまったく予測できない。それだけでなく、人的接触遮断や需要蒸発による実体経済の悪化、雇用不安、金融困難・破綻《はたん》などの悪循環が起きるか否か、まったく読めない。その結果、圧倒的に売り方優位が加速した。

第三は市場の脆弱《ぜいじゃく》性である。２０１９年半ばまでは、２０２０年に米国がリセッションに陥るという見方が支配的だったが、そうした悲観論は年初の時点でほぼ消えていた。そして、２０２０年は間違いなく景気回復の年になるという確信が、市場関係者の間で広まっていた。そのため多くの投資家はリスクオン（リスク選好）の決め打ちをしており、米国の株価はＰＥＲ（株価収益率）が25倍に達するなど割高感を強めていた。

これら３つの要因が重なり合った結果、リスクオンに傾いていた多くの投資家は多大な損失を被《こうむ》り、リスク回避・流動性確保に走ったために売りの連鎖が起きたのである。

なかでも分析が必要なのは市場の脆弱性だろう。投資家が最も無防備だったのは、ボラティリティがこれほどまでに高まるのだ、ということに対する警戒心のなさにあったと思う。換言すれば今、私たちはかつてなくボラティリティの高い時代を生きているという認識の欠如である。ボラティリティとは資産価格の変動のことで、一般的に「ボラティリティが高い」という場合、資産価格の変動幅が大きいことを意味する。

なぜボラティリティが高いのだろうか。

一般的な解釈としては、

①膨大な資金余剰・投資資金の存在

②世界の資金がひとつのプールに集中し、巨大な投資家がさまざまな資産クラス間の資金移動を瞬時に行うこと

③超金融緩和・低金利政策の下での投機の高まり

などの理由が指摘されている。

それらはいずれも正しいが、あくまでも一般的な解釈の域を出ない。

ボラティリティを高めている根本原因は他にある。私がまず申し上げたいのは、株式のリスクプレミアム、つまり株式に投資することで得られる超過リターンが異常なまでに高まっていることだ。

２０００年のＩＴバブル崩壊以前は、Ｓ＆Ｐ５００に見る株式益回りは米国10年国債利回りと同水準で、かつ完全に連動していた。

米国10年国債利回りと株式(S&P500)益回りの推移

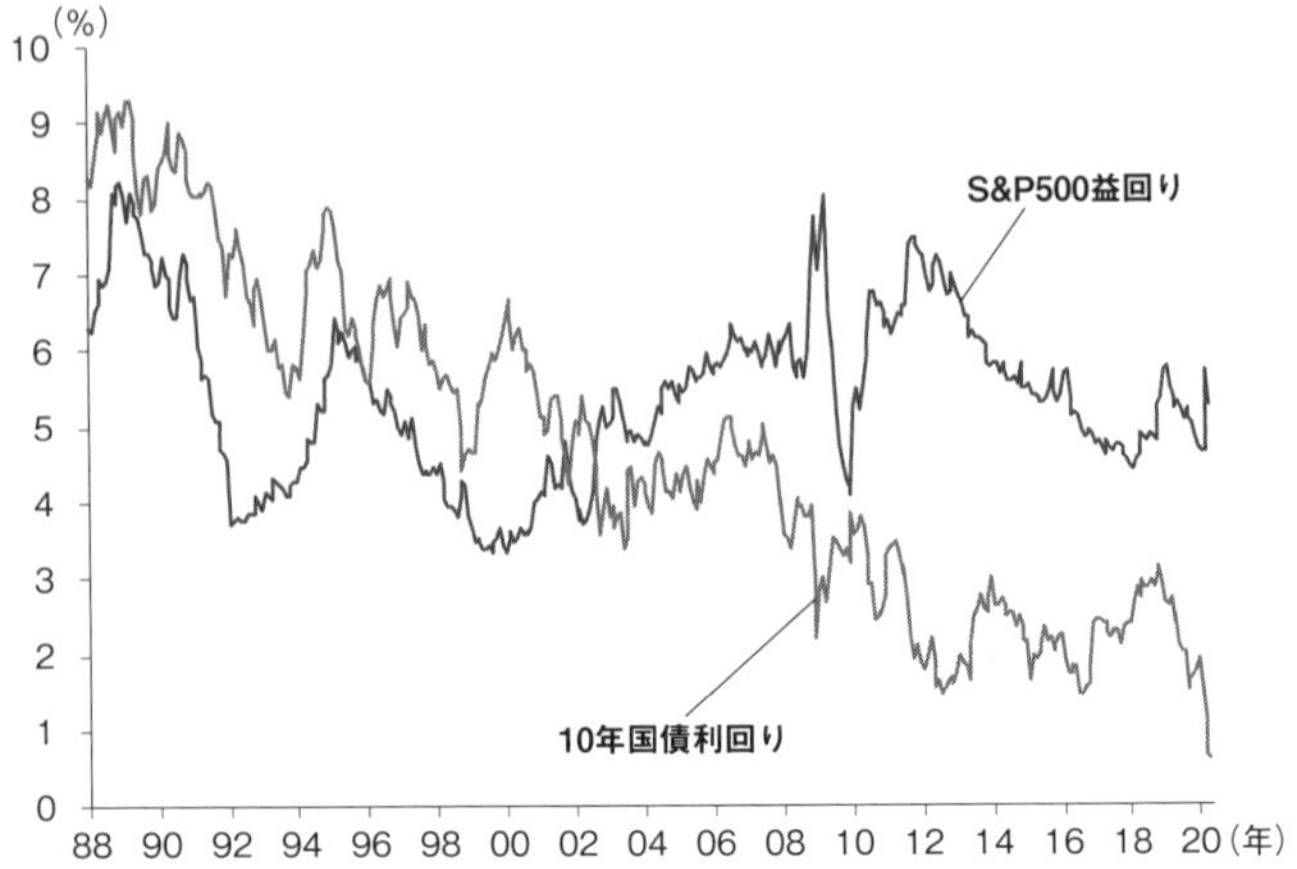

出所:ブルームバーグ、武者リサーチ

株式益回りとはPERの逆数で、1株あたり税引き利益を株価で割って求められるもので、金利との比較を目的にしたものだ。米国の市場においては株式と債券の間に資金移動の壁がないため、株式益回りと10年国債利回りが比較されている。

株式が割安と思われるときは債券市場から株式市場へ、株式が割高と思われるときは株式市場から債券市場へと日常的に資金が移動する。このため前述したように株式益回りと10年国債利回りは、ほぼ同水準で推移していた。

しかし2000年のITバブル崩壊、さらに2008年のリーマンショックを経て、両者の乖離《かいり》が極端に広がってきた。米国10年国債利回りの大幅な低下により、両者の乖離拡大が定着しているのだ。

なぜ合理的であるはずの市場において、これほどの不等式が恒常化しているのだろうか。

2020年2月末時点のS&P500の株式益回りは5・2%であり、米国10年国債利回りは1・5%である。つまり、図式にすると次のようになる。

株式益回り（5・2%）>10年国債利回り（1・5%）

効率的な市場においては本来、株式益回りと国債利回りが同じ水準で推移するものである。このように仮定するならば、現在の高い株式益回りは、何らかの固有の投資コストがそこから差し引かれることによって、最終的に米国10年国債利回りと同じ水準に調整されるものと考えられる。その固有の投資コストがボラティリティなのである。つまり、次のような計算式が成り立つ。

株式益回り－ボラティリティコスト＝10年国債利回り

この式が意味するのは、「株式の債券に対する超過リターンは、株式で発生するボラティリティコストによって相殺されている」ということだ。したがって、株式の益回りと10年国債利回りの乖離が大きければ大きいほど、ボラティリティが高まることになる。10年国債利回りが低く、株式の超過リターンが大きくなれば、投資家はレバレッジを高めてでも株式に投資し、より大きなリターンを追求しようとする。

しかし、この手のハイレバレッジドポートフォリオがもたらす高いリターンは、時折、株式市場を襲う大波によって失われてしまう。まさにボラティリティがコストになる瞬間である。

そして、このボラティリティコストを通して、株式に存在する超過リターンは金融機関、投資家といったさまざまな市場参加者に再配分されるというメカニズムがビルトイン（内包）されていると考えられる。２０１８年2月のＶＩＸショックなど、ファンダメンタルズでは説明がつかない市場の暴落は、ここ数年来の株式市場にビルトインされたメカニズムによるものだろう。

AIトレーディングと自社株買いの影響

市場のボラティリティを高めている要因はほかにもある。

まず、AIがトレーディングの主役になったことだ。かつてゴールドマン・サックスには500～600人の株式トレーダーがいたのに、今ではたったの2～3人といわれている。CTA（商品投資顧問業者）やリスクパリティといった投資ファンドの運用者は、ほぼすべて人からAIに置き換えられた。こうしたAIによるトレーディングは、極めて短時間で巨額の資金を動かすため、価格変動を大きなものにしてしまう。

加えてETFを中心としたインデックス運用が、株式市場の資金流入経路の中心になったことも、ボラティリティを高めている原因のひとつだ。一方で、かつて資金流入経路の中心だった企業調査に基づくボトムアップ運用の資金が弱体化した。米国株式ファンドのインデックス比率は2009年の18％から、2018年には44％に上昇した。フィナンシャルタイムズ（FT）は2018年10月24日の記事で、インデックス比率は今後3年間で5割に達するという見通しを示した。

株式市場のインデックス化が進むと、ボラティリティを高めるのと同時に、価格形成を歪《ゆが》める恐れがある。というのも、インデックスファンドを通じて行われる株式の買付、売却は、立ち合い最終時間に取引が集中するからだ。実際、最終1時間の出来高比率は、2012年の17%から、2017年は26%まで上昇している、とWSJ紙は報じている。

そしてもうひとつ無視できないのが自社株買いの動きだ。

米国の株式市場において自社株買いは、ここ数年、唯一といってもよい圧倒的な買い主体であり、対照的に家計と投資信託は継続的な売り主体であった。

ところで自社株買いにはブラックアウト期間というものがある。これは決算発表日の4週間前から当日までは、自社株買いをしてはいけないという自粛期間のことだ。この期間中は、唯一の買い主体である自社株買いが出てこないため、株式需給が極端に売り越しに傾く時期となる。このため容易に仕掛け売りが奏功しやすい環境が醸成される。2018年に株式相場が急落した2月、10月の月初は、まさしくブラックアウト期間の開始と重なっている。

もちろん、このボラティリティを高めるメカニズムは悪い方向に作用するだけでなく、良い方向に作用することもある。ボラティリティは、株式の本質的価値や株価水準とは無関係なので、ボラティィリティ要因に基づいた暴落は、その後で株価の高騰をもたらす可能性が非常に高いのだ。

２０１８年2月、同年10月と米国の株価は急落したが、その直後から急反発し、１年も経たないうちに暴落直前の高値を回復した。今回の空前の株式急落にもこのようなメカニズムが働いていているとすれば、感染がピークアウトして経済回復の展望が見え始めた時点で、株式は鋭角的な反発を見せることになるだろう。実際、今回のコロナショックによる４週間で35～40％の暴落は、大恐慌時やリーマンショック時を上回る史上最速のものであったが、戻りの速さもまた史上最速であった。ＮＹダウ工業株指数はボトムからわずか２週間で下落幅の半値戻しを達成している。

リーマンショックとの違いとリスク要因の整理

このように今回の株価暴落は、米国経済のファンダメンタルズが悪化する懸念が高まって引き起こされたというだけではなく、株式市場にビルトインされたボラティィリティを高めるメカニズムによって誘発された可能性が高い。詳しくは後述するが、米国経済のファンダメンタルズは、十分にしっかりしている。

ただ、第二波、第三波とパンデミックの制圧に手間取り、人的接触遮断が長く続き、想定していた以上に経済の回復力が弱く、株価の戻りが叩かれるというリスクは念頭においておく必要はあるだろう。

現時点で想定される最大のリスク要因は、敵がウイルスという自然物であるため、経済政策や金融政策だけでは直接的な問題解決策にならないことだ。究極の解決はワクチンの開発か、自然感染によりすべての人が免疫を獲得することであり、それには時間がかかる。

しかし現実にはパンデミックによって人的交流や物流がストップし、グローバル規模で経済社会活動が急速に収縮している。特にエンターテインメントや外食、旅行といった、人的な接触を必要とする産業は、壊滅状態といってもよい。

このように経済社会活動が一時的にせよ停止を余儀なくされれば、それに関連する産業では本来得られるはずのキャッシュフローが途絶えてしまう。それによって企業破綻が相次げば、今度は家計の財布にも悪影響が及ぶ。企業や家計の破綻が激増すれば、次に打撃を受けるのは金融だ。こうした悪循環に陥れば、大不況を引き起こす恐れが高まっていく。

そうならないようにするためにも、企業と家計のキャッシュフローが枯渇するのを、財政政策や金融政策で迅速に補填《ほてん》することが必要不可欠である。米国のFRBは3月3日に開いた臨時の連邦公開市場委員会（FOMC）で0・5％の利下げを行った後、3月15日にも1％の利下げを実施するのと同時に量的金融緩和（QE）も復活させて、資金の流動性が損なわれないような金融政策を講じた。

加えて米国政府は2・2兆ドル規模の財政出動により、大人1人当たり1200ドル、子供600ドルの小切手送付、失業給付倍増、航空産業など被害産業企業への財政支援を打ち出している。壮大な規模だが、それでも不十分であることが判明し4600億ドルの支出が追加された。

CBO（議会予算局）は2020年の財政赤字は3・7兆ドル対GDP比17・9％と戦後最高になると予想している。政府債務残高／GDP比も、2010年度末101％、2021年度末108％と、これも戦後最大と予想されている。またFRBは企業への事実上の直接融資を軸とする2・3兆ドルの資金供給を決めた。財政からの出資金4540億ドルをベースとすれば4兆ドルを超える追加融資が可能となる。増加する財政資金の引き受けに加えて、CPや投資適格スレスレの社債（BBB格）、ローンもFRBの購入対象になる。昨年末4兆ドル弱であった資産規模は、4月22日時点で6・6兆ドルまで膨らんでいるが、年末にはさらに2～4兆ドルほどの膨張が見込まれている。コロナがどれほど荒れ狂っても、経済と金融への影響はほぼ遮断できる構えができ上がったといえる。

これら財政政策、金融政策によるセーフティネットの実施、効果に対する確信が得られたことで、市場関係者の間に広まっている大不況への恐怖心が克服され、株価の急速な戻りを支えている。これらの困難はすべて天災のせいであり、企業や個人の間違いや怠慢のせいではない。真面目に努力をしている個人や企業が破綻していくことを座視することは政治の責任放棄である。「The buck stops here（ここですべてを受け止める）」はトルーマン大統領の有名な言葉だが、今の米国指導部はまさしくその覚悟で一致していることが市場の安心感を高めている。

ところで、今回のコロナショック以前の株価急落といえば、2008年のリーマンショックが記憶に新しい。今回の株価急落は、それを超えるスピードだったことから、リーマンショック級か、それ以上の不況が到来するという不安の声も聞こえてくる。

では、コロナショックとリーマンショックにはどのような違いがあるのだろうか。

今回は天災による一過性の経済ショックであり、過剰債務による過剰なリスクテイク（危機を承知の行動）を原因としたリーマンショックとは根本的に異なる。

リーマンショックは、過剰なリスクテイクと過剰な債務の膨張によってバブルが形成された。それが破裂したことによって金融破綻が生じた金融恐慌だった。

では、実体経済には何か問題があったのかというと、実は特に大きな問題はなかった。しかしさまざまな要素が重なり、株式、クレジット、証券化商品などの証券価格と不動産価格が本源的価値を超えて極端に下落したことが、危機の引き金となった。資産価格下落で金融機関のバランスシートが直撃され、貿易信用が止まり信用収縮が起きた。このことから影響は実体経済に及び、大幅な景気後退が引き起こされたのである。

危機の根源は金融市場の在り方にあったといえる。なぜ資産価格が、極端な下落になったのか、いくつかの要因が指摘される。まず第一にサブプライムローンという問題資産を組み入れた複雑な証券が出回り、投資家が真のリスクがわからなくなってパニック的売却が起きた。第二に資産価格下落が原因となって、さらに価格が下落するという悪循環が起きた。

国際決済銀行（ＢＩＳ）は世界的金融機関の自己資本基準を決めており、金融機関は保有しているリスク資産の価格が下がると、自己資本比率の低下を回避するため、リスク資産の売却を余儀なくされる。それは資産価格下落をさらに加速させ、同時に資産圧縮のため貸し渋りや貸しはがしを引き起こし、実体経済に影響を及ぼす。時価評価の下での厳格な資本規制が予期せぬ価格下落の悪循環を引き起こす。この事態は「プロシクリカリティ」と呼ばれ、金融危機を深刻化させる一因になった。

最終的にリーマンショックでは、過剰債務の整理、銀行のバランスシート立て直しといった金融システムの再建に5年以上の期間が費やされた。

しかし、今回のコロナショックはウイルス蔓延《まんえん》を遮断するための、都市封鎖、行動自粛で引き起こされた需要収縮である。リーマンショック時のように金融が危機的な状況に陥っているわけではない。

それは、クレジット市場の落ち着きぶりからも察することができる。

確かに、恐怖指数と呼ばれているＶＩＸ指数は、リーマンショック時に並ぶ85・47まで上昇したが、1カ月以内に30以下まで低下している。

CBOE S&P500ボラティリティ指数

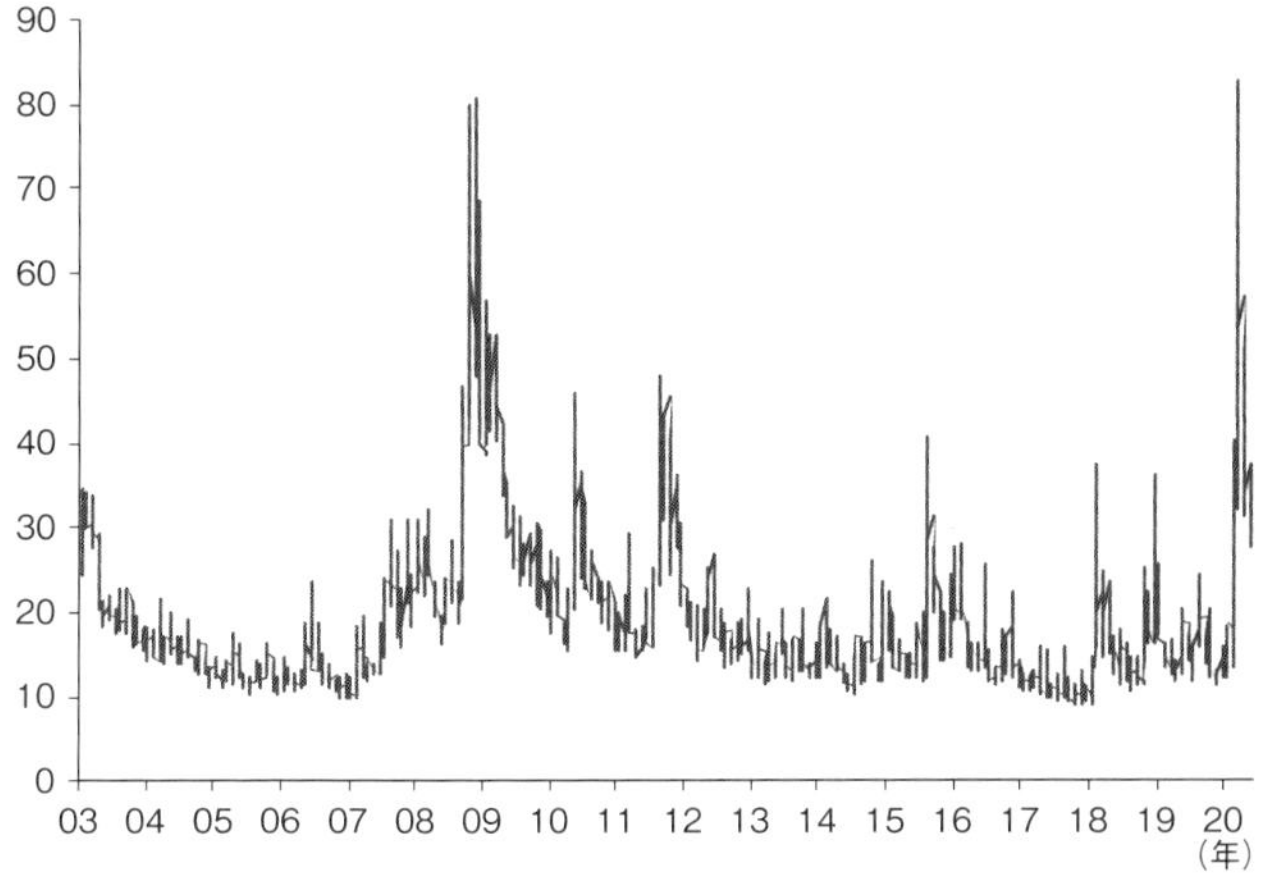

出所：ブルームバーグ、武者リサーチ

また、米国のBBB格長期社債のリスクプレミアムは、コロナ感染勃発の当初は上昇していたものの、大胆迅速な金融政策により大きく低下している。リーマンショック時に比べれば、はるかに抑制されている。

家計の健全性を推し量る数字として、家計の可処分所得に対する債務残高を見ると、リーマンショック以降は大幅に低下しているし、企業の支払い負担能力を示すインタレストカバレッジレシオも十分に抑え込まれている。金融機関のバランスシートも、度重なるストレステストの結果、健全化している。

さらに注目したいのはドル高だ。リーマンショックのときもドル高が進んだが、それは一時的だった。その後、米国の利下げ、QE

米国BBB長期社債リスクプレミアム推移

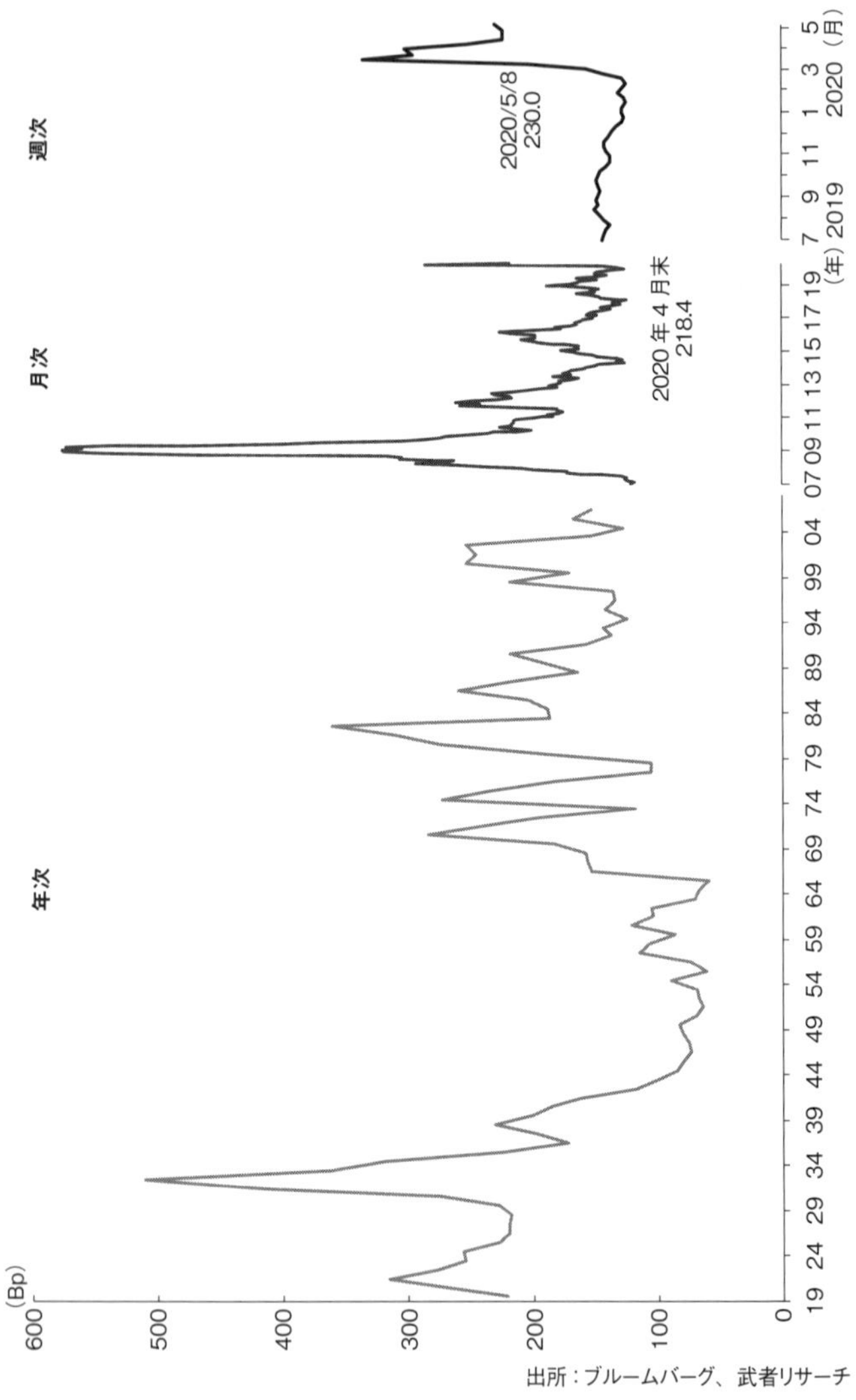

出所：ブルームバーグ、武者リサーチ

米国金融ストレス指数推移

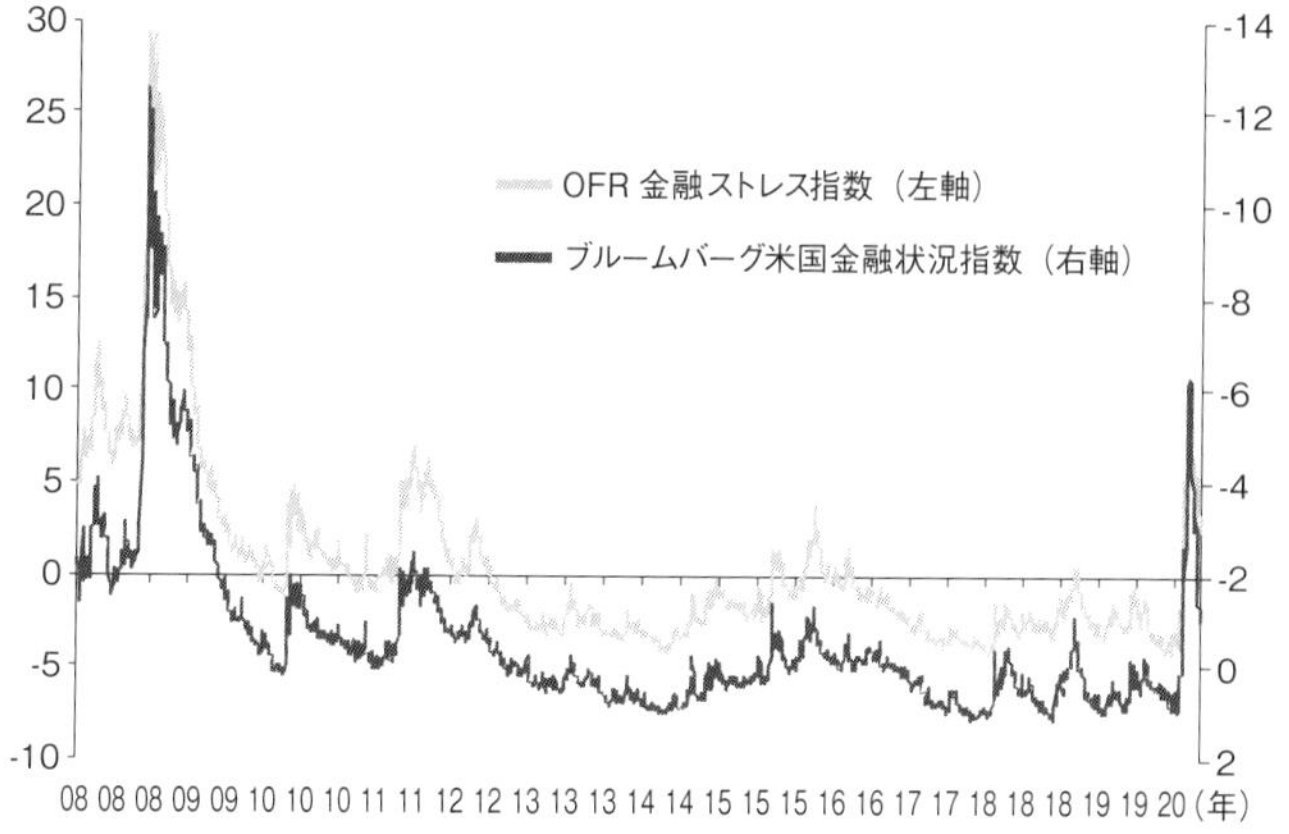

出所：OFR（米財務省金融調査局）、ブルームバーグ、武者リサーチ

などによってドル安へと転じた。一時的かつ世界的にドル需要が高まったものの、米国が利下げやQEによってドルをジャブジャブに供給したため、ドル余りになったからだ。

しかし、今回はこのドル高傾向が長期化する可能性がある。利下げやQEが行われているので、その点では確かにドルの供給が行われているわけだが、それと同時に米国は巨額の財政出動を決定した。この巨額の財政出動が行われれば、米国の財政は確実に悪化するだろう。その結果、金融緩和を行っても、一時的にドルが市場にあふれたとしても、巨額の財政出動によってドルが吸収されてしまうため、米国の長期金利は案外下がらない可能性が高い。

加えてここ数年、国際決済手段や貯蓄手段としてもドルの優位性が認識され、ドルを保有したいというニーズが高まっている。こうした事情から、長期ドル高トレンドが定着することが十分に想定される。

強い通貨は覇権国の証だ。ドルを使った世界金融支配力、産業情報支配力、対抗覇権国中国の抑え込みなど、米国のプレゼンスはさらに高まり、それがドルの強さを支えることにつながるだろう。

変わるものと変わらないもの①～世界のレジーム転換について

最近、「アフターコロナ」とか「ウィズコロナ」といった言葉を、さまざまなメディアで目にするようになった。

アフターコロナは新型コロナウイルスが終息した後の世界観、ウィズコロナは新型コロナウイルスと上手に共生していくための世界観を示したものと考えればいいだろう。終息するにしても共生していくにしても、さまざまな分野におけるパラダイムが大きく変わっていくというのが、アフターコロナとウィズコロナの筋書きだ。

とはいえ、すべてがパラダイムの大転換にさらされるわけではない。過去の否定ではなく、これまで潜在的に進行していたものが、新型コロナウイルスのパンデミックによって顕在化していくケースも考えられる。

変わるものと変わらないもの。それは一体、何なのか。すべての人々の将来にかかわる問いである。

ちょっとした頭の体操と思って考えてみることも必要だろう。テーマは働き方、家族関係、学習、エンターテインメント、住み方など何でも良い。自分の身近なテーマをひとつ挙げて、何がどう変わるのか、変わらないとしたらそれはなぜなのかを徹底的に考えてみると、世の中のこれからの流れが少し見えてくるはずだ。

多くの論点があるだろうが、経済と投資に関しては、①グローバリゼーションと世界秩序、②個人生活とビジネスモデル、③財政・金融における「禁じ手」の解禁が特に重要ではないか。

まず第一の問い、グローバリゼーションは変わっていくのかだが、世界経済統合の動きはしばしとどまることはあっても、長期趨勢《すうせい》は変わらないだろう。コロナの影響でグローバル・サプライチェーンの脆弱性がクローズアップされ、多くのグローバル企業が生産拠点を国内に回帰させる「リショアリング」が起こるのではないかという声が上がっている。あるいはこのコロナ感染自体が、グローバリゼーションの弊害だという意見も聞こえてくる。

しかし、いったん加速したグローバリゼーションの動きを止めることはできない。すでにインターネットによって、サイバーの世界は中国など一部の国を除いて世界は一体化している。

また今やすべての経済資源、財・サービスを国内で自給できる国はない。むしろ各国はますます得意分野に特化し相互依存を強めている。今までのように世界の工場である中国に極端に依存したグローバル・サプライチェーンは見直されると思うが、それは中国に依存していた生産拠点が他の国に移転するだけであって、グローバリゼーションは別な形で進行していくだろう。

それでは国際秩序は変わるだろうか。米中覇権争いという構図は当分変わりようがないが、米国のプレゼンスの高まり、中国の孤立化、欧州の停滞と日本・アセアンの浮上という傾向が強まっていくだろう。

まず、新型コロナウイルスの震源地と目されている中国。

習近平政権が、新型コロナウイルスとの戦いに勝利を収める可能性は高いと考えられるが、長い目で見れば、今回の感染拡大が中国経済にとって大きな転換点となるだろう。

中国国家統計局が4月17日に発表した2020年1〜3月期のGDPは、前年同期比でマイナス6・8%となり、新型コロナウイルスが中国経済に与えた打撃の大きさがうかがわれる数字となった。しかし中国は、民主主義国では見られない強権とテクノロジーを活用した監視制度によって人々の行動に絶大な支配力を持っている。その効果は新規感染者数の急減、ほぼ消滅という形で表れている。都市封鎖は解除され経済は着実に正常化に向かっている。当初3月5日に予定され、延期されていた全人代は5月22日に開催されたが、それは中国当局が経済正常化に自信を持っていることの表れと考えられる。

3月の初めにブルームバーグは次のように報じていたが、その後の推移は国家統計局の計画通りであった。「中国の工場の稼働率はこの数週間で回復しつつあり、ブルームバーグ・エコノミクスの推定によると今週は60−70%の見込み。国家統計局の2月29日の発表資料によると、25日時点でPMI調査の中・大規模企業の業務再開率は78・9%で、3月末までに90・8%へ上昇する見込み。中・大規模メーカーは25日時点で85・6%、3月末には94・7%になるとしている」

このように、目先は徐々に回復へと向かう可能性が高い中国経済だが、長期的な視点で見ると、中国経済の他国を凌駕《りょうが》する高成長はサスティナブル（持続可能）なものではなく、恐らく〝落日〟へと向かうだろう。1人当たりGDPがほぼ1万ドルとなり、中進国の上位に躍進した人口14億人の国が、これからも6%という高成長を維持するのは極めて困難だ。

中国の「国家資本主義」は、インフラや不動産、企業の設備への過剰投資、債務の積み上げ、補助金の大盤振る舞い、知的所有権のコピー・盗用などによって高い成長を維持してきた。ところが、それらがいよいよ通用しなくなりつつある。そのなかで起こった今回の新型コロナウイルス問題によって、中国経済の成長力は徐々に削《そ》がれていくだろう。

貧富の格差が大きい中国において、経済成長率の低下は失業を増加させ、貧困層の不満を掻《か》き立てる恐れがある。下層市民の怒りが暴動やクーデターにつながり、共産党一党独裁という現在の体制が見直しを余儀なくされる可能性も考えられる。

　では米国はどうだろうか。中国と、コロナ以前から貿易戦争を繰り広げてきた米国は、むしろ今以上に強い国になっていく。株価の急落を受けて、「株式資本主義の破綻」とか「米国を中心とした国際秩序の終焉」といった意見も聞こえてくるが、それは間違いだ。むしろここから強い米国の時代が始まるとさえ考えられる。

　詳細は第2章以降で展開していくので、ここでは簡単な記述に留めておきたい。

　米国が対中国との覇権争いに勝つためには、何が何でも株式資本主義を成功させなければならない。米中覇権争いにおいては、最先端ハイテク技術開発を制するか否かがカギを握っており、その勝敗は資本力で決着すると考えられるからだ。

　ＡＩ、量子コンピュータ、ブロックチェーン、導電性高分子、自動運転、再生医療などの先端技術分野における技術覇権を制するのは、米国なのか、それとも中国なのか。

　２０２０年2月12日の日本経済新聞に「先端特許10分野、ＡＩなど9分野で中国首位、日米を逆転」という見出しが躍った。その記事では、中国が国家資本主義の下での集中的な資本投下を行い、多くの分野で米国を凌駕しつつあるという衝撃的な事実を伝えている。

　米国が、先端技術分野における投資競争に勝ち抜く資本力を勝ち取るために、株式資本主義を強化せざるを得ないということは、まさに地政学上の要請なのである。

では、米国の株式資本主義は健全で持続性があり、米国の地政学的要請に応え得るだろうか。

この問いは、米国という覇権国の存在を左右する重さがある。

私はかねてから米国の株式資本主義は健全で持続性がある、と主張してきた。米国では株式が資金循環の中枢に座り、株価上昇が経済発展の推進力になるという新たな時代が始まりつつあると考えている。

悲観論者が言うように、米国の株高がバブルであり、あだ花だという批判が正しいとすれば、中国の国家資本主義より先に米国経済が没落し、この覇権争いは中国の勝利に終わる可能性が高まるだろう。

しかしそうではなく、株式資本主義という新たな時代に向けての発展段階であるとすれば、明るい将来展望が描かれる。

この極めてスケールの大きな問題に対する解を今、断定するのは尚早かもしれない。しかし、少なくともこの10年の間、米国で株式資本主義は隆盛となり、大きな投資機会を提供してきたのは事実だ。この点については本書の第2章を通じて検討していきたい。

さて、欧州はどうだろうか。

正直なところ、大陸欧州についてはなかなか明るい展望が描けない。今回のパンデミックでイタリアがなぜあれだけ深刻な医療崩壊に陥ったのか。その遠因は、まさに欧州通貨統合にあったと考えている。ユーロが解体の道をたどるのかどうかについては第3章で述べるが、ユーロの枠組みから離脱できないドイツ、フランスという2つの大国を中心にして、大陸欧州の将来は厳しい。

ただ、英国は大陸欧州と違う道を歩むことになる。国民投票によって決定したブレグジット（欧州連合からの離脱）は正解だ。一部ではブレグジットによって英国経済がさらに地盤沈下していくという見方もあるが、これは大きな間違いだ。ブレグジットで一番得をするのは、何を隠そう英国なのである。

私は、株式資本主義を強化してさらに国力を強めていく米国と、ユーロの呪縛《じゅばく》から解き放たれた英国がアングロサクソン連合をより強固なものとして、新たな世界秩序を構築し、経済の発展に寄与していくと考えている。

さて、私たちの日本はどうなるのか。強化されたアングロサクソン連合のもと、日本はアジアにおける地政学的優位性を維持するためにも、特に米国にとってはなくてはならないパートナーになる。今までもそうであったが、パンデミックが一段落した後、日本の地政学的プレゼンスは一段と強まっていくだろう。

以上が、パンデミックが終息した後に、私たちが目の当たりにするレジームの変化だ。米国はより強くなる一方、中国は弱体化して、その先に共産党一党独裁の崩壊と民主化が待っている。大陸欧州は低迷し続けるが、そこからいち早く離脱した英国は、米国とアングロサクソン連合を構築して世界経済の発展をリードしていく。そして日本は、世界最強ともいうべきアングロサクソン連合と密なパートナーシップを結ぶことによって、ともに経済が発展し続けていく。

以上の見方は世間のコンセンサスとは異なっており、断定的すぎるものだと批判する人もいるだろうが、第2章以降で各論に触れ、このグローバルビュー（国際的視野）の可能性を検証していきたいと思う。

変わるものと変わらないもの②～個人の生活とビジネスモデル

世界のレジームについて変わるもの、変わらないものについては前述したとおりだが、個人の生活やビジネスモデルに関してはネット化、デジタル化が急速に進展するだろう。

最も大きく変化するのは私たちのライフスタイルであり、働き方だ。買い物はオンラインショッピングになり、外食を減らしてデリバリーが増え、子供たちは塾の教室まで出かけていって学ぶのではなく、自宅でパソコンやタブレットなどの端末を使って学ぶ遠隔授業が日常になるなど、あらゆるものがインターネットに置き換えられていく。

なかでもテレワークの普及は、働き方を劇的に変えるはずだ。企業内の旧《ふる》い仕組みや習慣、企業の外部への閉鎖性などが大きく改変されつつある。それは働き方改革とライフスタイルの一変となり、労働時間の短縮化、兼業・副業の常態化などを連鎖的に巻き起こしていくだろう。ネット化を阻んできた抵抗勢力が一気に吹き飛ばされつつある。テレワークの障害物であったハンコ文化が一掃され、ドキュメントの紙からデータへの転換も一気に進むだろう。

これはちょっときつい言い方になるが、組織にとって必要のない人が浮き彫りにされるだろう。私の周囲の人に話を聞くと、テレワークに切り替わったことでせいせいしたという人が大勢いた。会社に行く時間を節約できるということもあるが、下らない会議に出席しなくて済むという声が結構多い。

会社に属しているとよく分かるが、大半の会議は不要だ。ところが、会議に出席することで、辛うじて自分の存在感をアピールしている人たちがいる。大した意見を述べるわけでもなく、ただ出席しているだけの人たちである。あるいは、出社して席に着いていることで働いているふりをしているだけという人も大勢いる。

仕事の多くがテレワークに切り替わったら、アリバイ社員、つまり会議に出席しているだけの社員、会社に来ているだけの社員はまったく存在感がなくなるだろう。つまり会社に貢献している人と、そうでない人との格差がはっきりと表れてくる。そして後者は「給料泥棒」のレッテルを貼《は》られてしまい、組織に居にくくなるかもしれない。

「サラリーマンは気楽な稼業と来たもんだ」と歌ったのは植木等だが、それは一切通用しなくなる。テレワークは上司の目を気にする必要がなく、働き方の自由度が高まるように見えるが、実際には今まで以上に厳しく成果を求められるようになる。会社員にとってはシビアな時代の幕開けといってもよいだろう。年功序列雇用が色濃い日本は、ネット導入による効率化に大きく立ち遅れているといわれてきたが、ここで一気に遅れが取り戻されるだろう。企業にとっては積年の課題である労働編成改革を断行できるチャンスである。

マイナンバー化などによる行政の効率化、スマホ情報の社会的活用、教育のＩＴ化、医療のＩＴ化、金融のＩＴ化、エンタメのＩＴ化（音楽、映画、ゲーム）など、社会各層でのネット化も進むだろう。メディアの主役交代、都市集住の見直し、スマートシティ、セカンドハウス取得などの社会変化も予想される。

ネット化によりあらゆる経済資源はネット上で顧客を見出し、適切な価格で評価されることになる。ネットにより市場原理が一層貫徹し、神の見えざる手がより細部にいきわたる。つまり市場が効率化し生産性が高まる。

またネットで生活コストは大きく低下し、所得の余剰が生まれる。その余剰所得が向かう新規支出はどこになるだろうか。ライブ、実体験、人的接触が価値を持つ時代に入っていくように思われる。

今回のパンデミックで日本の医療対応の見劣りが鮮明になった。ＰＣＲ検査数が著しく低く、いつまでたっても政府の目標にとどかないこと、人海戦術のクラスター追跡など、原因は行政と医療のデジタル化の致命的な遅れにある。

東京都で度々起きた感染者数の集計ミスの原因が、ファックスによる報告にあったと報道されたが、いまだに行政や医療に昭和の仕組みが残っているのである。恥ずかしいことである。

変わるものと変わらないもの③〜財政政策における「禁じ手」の解禁

一般的に財政政策と金融政策には「禁じ手」があると言われている。財政政策にしても金融政策にしても、一定の規律を持って行わないと健全性が損なわれると言われてきた。

この10余年で、2回のショックが世界を襲ったことになる。ひとつがリーマンショックであり、もうひとつが今回のコロナショックである。両者の違いについては前述したとおりだが、この2回のショックは経済政策において歴史的な意味合いを持っている。それは財政政策と金融政策の「禁じ手」が完全に解禁されたことだ。

まず2008年のリーマンショックでは、バーナンキ元FRB議長による空前の金融緩和が行われた。いわゆる量的金融緩和（QE）である。

バーナンキ元FRB議長の政策の本質は、中央銀行がマーケットにおける第三者的・中立的存在ではなく、断固とした買い手として登場したことにある。そして、価格が暴落した資産を断固として買い入れることによって価格を引き上げ、信用秩序を回復させた。

リーマンショックの直後、米国の株価（SP500）は57％の大暴落となり、リスクプレミアムは急上昇した。なぜそうなったのかというと、買い手がいなくなったからだ。そこでバーナンキ氏率いるFRBが事実上の買い手としてマーケットに参加し、投資家の心理を好転させてパニックを鎮めた。いくら巨額の資金を持つといっても、投機筋の資金力には限界があるが、中央銀行は無限の資金力を持っている。その中央銀行が本腰を入れて買いに入ってきたら、売り手は撤退するしかない。これが量的金融緩和の本質だ。

リーマンショックを契機にして行われたQEは全部で3回である。

QEⅠは2008年11月から2010年6月にかけて行われたもので、総額1兆7250億ドルに相当する住宅ローン債券を大量に買い入れて、住宅ローン金利を押し下げた。

QEⅡは2010年11月から2011年6月にかけて行われた。このときはギリシャ危機が勃発し、第二のリーマンショックが起こるのではないかという懸念が世界的に広まったため、米国国債を6000億ドル買い入れて資金供給を行った。

そしてQEⅢは2012年9月から2014年10月にかけて行われ、住宅ローン債券を毎月400億ドルずつ買い入れた。当初、無期限で行うことを前提にしていたQEⅢだったが、米国経済に徐々に明るさが戻り、雇用環境も十分に整ったという判断から、2014年1月より段階的に国債と住宅ローン債券買入額を減らしていく「テーパリング」が行われ、同年10月にはQEⅢを終了させることができた。

QEは、FRBをはじめとする中央銀行にとっては、まさに禁じ手とされた金融政策だった。もちろん、マーケットへの資金供給はQE以前にも行われていたが、それは短期金融市場を通じて、市中に流通する資金の量を増やすというものだった。

ところがQEでは、債券や住宅ローン債券などマーケットで取引されている有価証券を中心に買い入れ、株価や不動産価格などの市場価格を押し上げてマーケットの流動性を高めるという戦略が取られたのだ。

この新しい金融政策は、「禁じ手」と見なされていただけに、さまざまな批判を生んだ。中央銀行の総資産が急膨張するのは言うまでもなく、中央銀行が保有する資産に価格変動リスクを伴う金融資産が増加することに対する懸念が強まった。もし、買い付けた資産の価格がさらに急落すれば、中央銀行の保有資産に資産評価損が発生し、最終的には財政で穴埋めせざるを得なくなる。だから量的金融緩和は禁じ手だというのが、守旧派の論者の意見だ。

しかし、少なくともコロナショックが起こる直前まで、株式をはじめとして米国の資産価格は上昇していたので、金融政策の効果としては十分だった。確かにコロナショックで資産価格は急落したが、前述したようにこのショックは新型コロナウイルスの終息とともに収まり、資産価格は再び上昇トレンドへと向かうだろう。その過程において株式資本主義はさらに輝きを増すことになるので、QEは新しい金融政策のレジームとなっていく可能性が非常に高い。実際、今回のコロナショックにおいてもFRBはいち早くQEの再開に踏み切った。

そしてコロナショックの注目点は、もうひとつの「禁じ手」が解禁されたことだ。それは財政政策における禁じ手の解禁である。

コロナショックの経済上の特徴は、これは天災であり、放置しておくと大不況、下手をしたら大恐慌にまで発展しかねないので、できることは何でもやろうということで、各国の政策当局が足並みを揃えたことだ。そのため、財政政策の禁じ手が一気に解禁されることになった。

前述したように、今回のショックでは経済活動そのものが止まってしまった。それによって失われた、正常な経済状況のもとであれば得られたはずのキャッシュフローを、政府が財政でもって補填する必要がある。政府が何もしなければ、経済は完全に死んでしまう。だから、その額がいかに大きなものであったとしても、政府は財政を出動させなければならない。

米国はすでに3兆ドル弱、つまりGDPの15％にも達する財政出動を決めた。財政赤字は大きく膨らむことになる。財政政策において、巨額に膨らむ財政赤字を容認することは、まさに「禁じ手」である。どの国も財政の健全化を〝錦《にしき》の御旗《みはた》〟とし、財政赤字を増やさないようにしてきた。ユーロに参加する国々が厳しい財政規律を求められることは、前述したとおりである。

しかし、その禁じ手は今回、あっさりと解禁された。それは財政赤字の膨張によって想定されるリスクよりも、まず目先の危機を回避することが優先されたからだ。そして、新型コロナウイルスの終息が先に延びれば延びるほど、財政出動の額はGDPの10％どころ

FRB総資産（対GDP比）推移

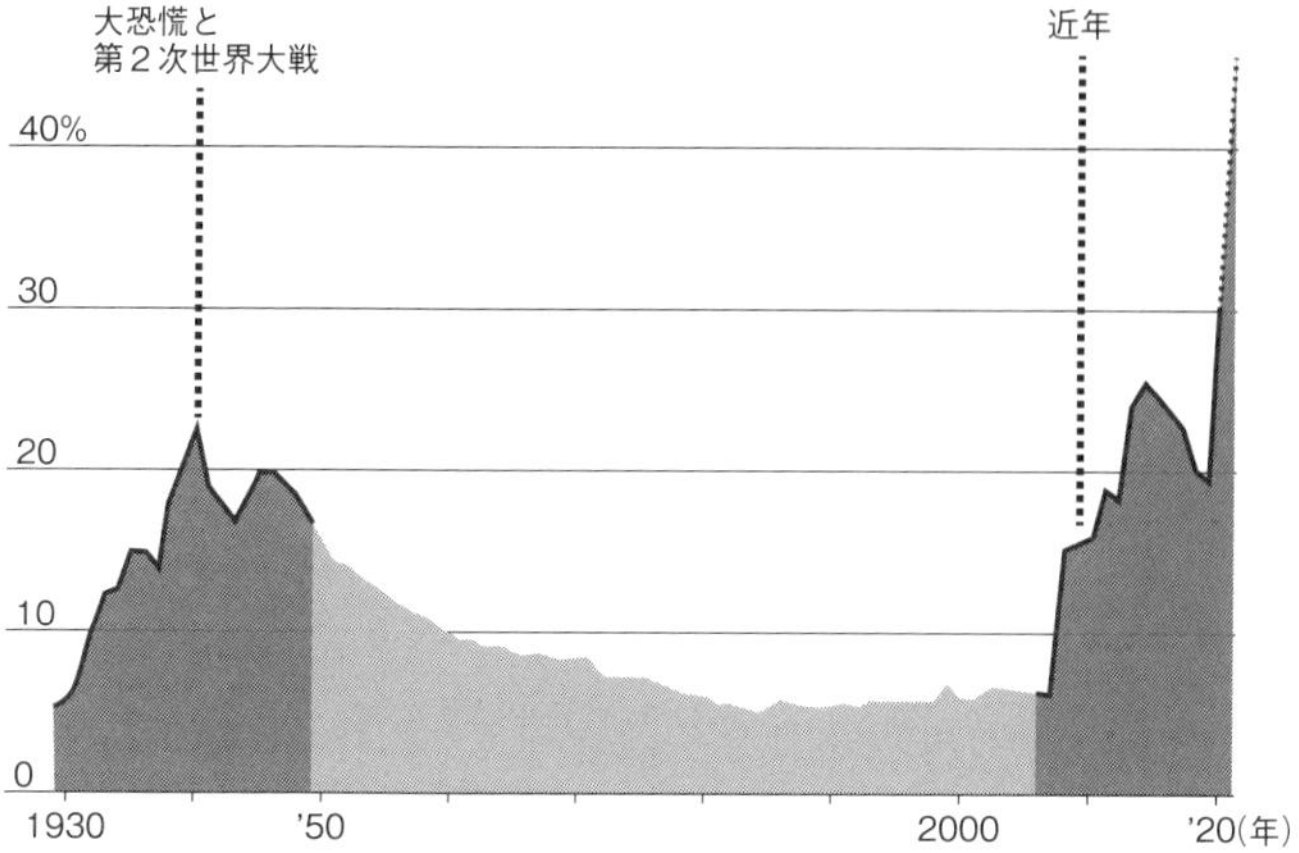

出所：ウォールストリート・ジャーナル

か、20%、25%というように膨らんでいくだろう。

これはまさに過去30〜40年にわたって世界中の学者、財政当局が言い続けていた「財政赤字を減らせ」という政策アジェンダを全否定するものである。そして、財政規律がいったん破られたら、破られ続ける可能性は高くなる。今回のコロナショックを契機にして、財政規律という建前は失なわれた。

では、財政政策の禁じ手の解禁は正解なのだろうか。

金融政策の禁じ手の解禁については、前述したように正解だったと考えるが、恐らく財政政策についても、今回の禁じ手の解禁は正解だと考える。

そもそも財政出動がなぜ忌み嫌われてきたのかというと、「財政赤字がどんどん増え続けたら、最終的には政府が破綻する。破綻まで行かなかったとしても、政府が国債を増発し続ければ、インフレが引き起こされ、金利が上昇する。さらには通貨が暴落する」と考えられてきたからだ。

では、現実に目を向けてみよう。先進国の中では日本の財政赤字が対GDP比で最も大きく、それはIMFをはじめ、他の先進諸国からも常々批判の対象とされてきた。しかし、この日本のどこにインフレが生じているのだろうか。日銀は消費者物価指数で2%の上昇という物価目標を設け、質的量的金融緩和を継続的に行ってきたが、アベノミクスがスタートして7年が経っても、一向に2%の物価目標すら達成できていない。相変わらず0・6%程度の上昇率にとどまり、デフレのリスクが心配されている。

では、財政赤字によって長期金利は上昇しているのだろうか。これも逆で、日欧では、マイナス金利が定着しそうな気配である。もうひとつ言えば、財政赤字が円の信認低下につながり、凄まじい円安になるという意見もあるが、現時点においてその気配はいっさい見られない。昔からこの手の議論をしている人は、もはや〝狼少年〟と言ってもよいだろう。

このように、事実を見ると、「財政赤字は悪だ」という議論が、本当に正しいのかどうかという点も疑わしくなってくる。

財政政策とは、言うなれば公的手段による需要創造のことだ。そしてそれは必要なときと有害なときがある。需要が足りないときに行われる財政出動は必要だが、需要が超過しているときに行うのは有害なのだ。

そして、需要が足りないのか、それとも超過しているのかの判断基準は物価である。物価が上昇しているときは、供給よりも需要が上回っているのだから、そのようなときに財政を出動させて需要を創ったら、ますますインフレが加速して財政赤字が拡大する。これは有害な財政政策だ。

しかし、物価がデフレ状態にあるときは、供給に比べて需要が小さいのだから、財政出動によって需要を創造するのは必要なことである。つまり財政赤字の基本的な考え方とは、経済の供給力に対する需要のレベルが高いのか、それとも低いのかという相対的な位置関係によって評価されるべきなのである。

確かに、今から40年前のオイルショックで引き起こされた高インフレのときに、財政を出動させて財政赤字を積み上げるというのは最悪の政策だが、ここ10年来のように物価が低迷し、供給力に対して需要が恒常的に不足している場面では、財政出動による需要創造は、正しいというよりも求められていると言ってもよい。

このような時代環境において、30年前、40年前から言われ続けてきた「財政赤字は悪だ」という考え方を金科玉条《きんかぎょくじょう》のように唱え続けているのは、現実を見ていない空論というほかない。

財政政策の禁じ手が解禁されたことによって、米国経済はより力強さを増すはずだ。そして、日本経済もその恩恵に浴することになる。

第2章

勢いを増すスーパーパワー、米国経済

強化される株式資本主義

米国では今、株式が資金循環の中枢に座り、株価の上昇が経済発展の推進力となる「株式資本主義」という新しい時代が始まっている。もっとも現段階は「新しい時代が始まっている」だけであり、株式資本主義が完全に定着したわけではない。

しかしながら、今の米国は何が何でも株式資本主義を成功に導かなければならない事情がある。それは中国との覇権争いに勝つことだ。これも先に触れたが、ＡＩや量子コンピュータ、ブロックチェーン、導電性高分子といった先端技術分野における覇権を握るためには、資本力がものを言う。

すでに中国は国家資本主義の下、集中的な資本投下によって、多くの先端技術分野、機器において米国を凌駕しつつある。特に5Gネットワーク技術に関して、米国は中国の通信機器企業ファーウェイに先行を許してしまった。したがって、米国にはもはや猶予がなく、先端技術分野における投資競争で中国に勝ち抜くためには、株式資本主義を強化し、今以上に資本力を強めていかざるを得ない。

実際、コロナショックの前まで、株高が米国経済の好循環の起点になっていた。株高を牽引《けんいん》車とする資産価格の上昇が、家計の純資産を著しく増加させたのである。

米国の家計純資産の額を見ると、２００９年の第４四半期、つまりリーマンショックの直後に大底を打った時点での額は49兆ドルまで落ち込んでいたが、２０１９年の第４四半期には１１８兆ドルへと増加した。10年間で69兆ドルも増加したわけだが、この増加額は米国のＧＤＰの３・４倍にも相当する。そのうち年金資産は10兆ドルから28兆ドルへと著増し、年金財政を大きく支えた。

株価上昇や配当は富裕層のみを利しているという批判があるが、米国の家計貯蓄の７割は株式・投信であり、自社株買いや配当などの株主還元は、大半の貯蓄者を利しているといえる。ちなみに米国家計の現金収入は賃金７割、資産所得３割の構成となっており、その旺盛《おうせい》な消費は、株高を背景にした資産価格の上昇によって支えられているといっても過言ではない（58ページ図表）。

何がこの株高をもたらしたのか。

それは、もっぱら自社株買いや配当など企業による手厚いペイアウト（利益の払い戻し）である。59ページ図表に見るように、２００９年以降の投資主体別累積株式投資額を見る

米国家計の資産、債務、純資産の推移

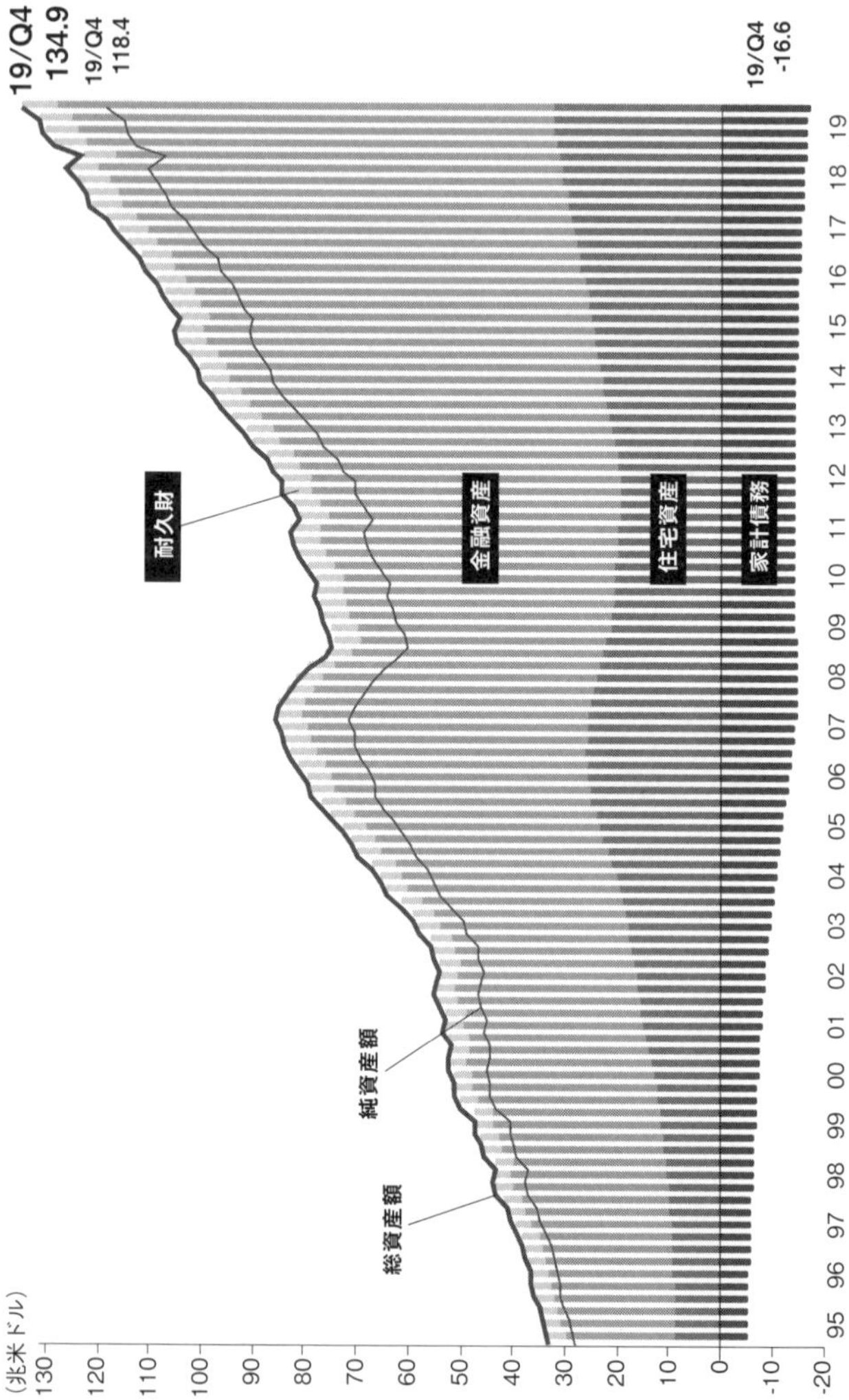

出所：米国連邦準備制度（FRB)、武者リサーチ

米国株式、投資主体別累積投資額

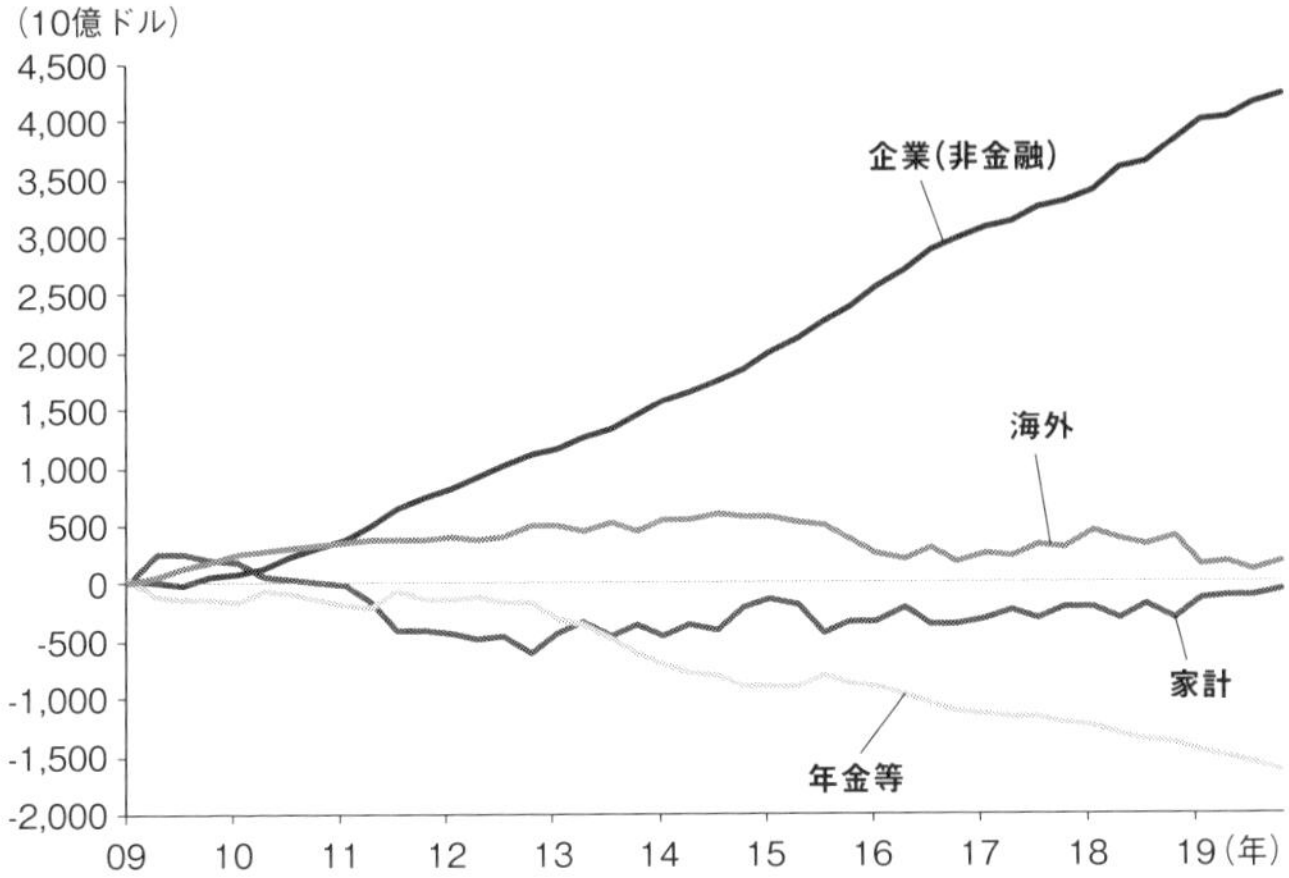

出所：FRB、武者リサーチ

と、家計、年金、保険等国内投資家はすべて売り越しであり、唯一の買い主体は企業の自社株買いとなっている。

リーマンショック後のボトムから10年間で4・5倍となった米国株価を見ると、よほど米国人は楽観的で株式を買ってきたのだと思われがちだ。だが、実際はまったく逆で、米国の投資主体は軒並み株式を売り越してきたのである。過去10年間で行われた自社株買い(金融を除く企業)の累計額は3・9兆ドルに達する。企業の巨額の株主還元が家計の金融所得を押し上げ、株価上昇による資産効果もあって、旺盛な個人消費を支えている。企業の高水準の利益が旺盛な自社株買いにつながり、それが株高を引き起こすのと同時に、個人消費を活発にし、それがさらなる企業業績の好調を支えていくという、株式市場を中心にした好循環が生まれているのである。

それでは、なぜ企業はそれほどまで手厚く株主還元をするのだろうか。２０１５年から２０１９年までの５年間で、金融を除いた米国企業は４兆９７００億ドルの税引き利益を計上したが、これに対して、実に５兆９００億ドルを株主に還元した。その内訳は配当が２・29兆ドルで、自社株買いが１・95兆ドルである。税引き利益以上の株主還元を行っているのである。米国の株高は、企業の株価本位の財務戦略と強く結びついている。米国企業は内部留保を吐き出し、自社株買いを実施し、それが株式需給の好転とＲＯＥの上昇につながって株価が上昇する、という戦略である。

米国企業の財務バランス悪化の伴う株価本位政策が正しいか、誤りか。マクロ経済の観点では、企業の余剰が家計に還流することで、健全な資金循環が保たれており、米国企業の株価本位政策は望ましいといえる。

企業は利益を社内で再投資をし、成長を追求する。しかし社内での投資案件が乏しけれ

米国企業部門(非金融)資金フロー　(10億ドル)

	2015	2016	2017	2018	2019
税引き利益	1010.1	983.1	1032.9	1001.3	947.9
株主還元	1190.7	1275.5	1002.1	726.5	898.7
内配当	641.1	698.7	681.2	196.8	490.2
内自社株買い	549.6	576.8	320.8	529.7	408.5
債務調達	626.7	304.4	573.7	277.4	458.5
内銀行借り入れ	153.9	15.2	273.2	137.3	199.7
内社債発行	472.8	289.3	320.5	140.1	258.8
減価償却	1317.1	1368.2	1440.2	1639.9	1678.6
設備投資	1915.7	1770.1	1887.4	2051.1	2130.9

出所: 米国連邦準備制度（FRB)、武者リサーチ

ば余った資本を抱え込まずに市場に還元し、市場を通して成長分野へと資本が再配分されていく。今の米国は巨額の株主還元を通して資本配分の地殻変動が起きている、と言えるのではないか。

この株式市場をめぐる資本の新たな流れ、金融循環は、リーマンショックの後から米国において定着したものである。経済の教科書には書かれていない、まさしく「新しい現実」といってもよい。これまでの経済学の教科書に示されていた金融フローは、家計の貯蓄余剰が銀行預金として吸収され、銀行はそれを企業に貸し出して投資につなげるという流れとして説明されてきた。しかし、米国企業の

資金調達に占める銀行からの借り入れは1980年代までは4割であったが今では1割ほどに低下し、資金調達の主流は社債やCP発行となっている。いやそれ以上に企業は全体として貯蓄余剰状態にあり、今や余剰資金の受け手ではなく、出し手になっているのである。

では現在の米国の金融フローのメインチャンネルが何かといえば、企業の余剰の株式市場を通した家計への還元である。くり返すが、2015~2019年の5年間の米国企業（金融を除く）の税引き利益は4兆9700億ドルであるのに対して、配当と自社株買いを合計した株主還元は5兆900億ドルと利益を上回っている。それに比して企業の銀行からの借り入れは7300億ドルと、株主還元額の15%に過ぎないのである。商業銀行金融の役割が大きく低下しているのである。

さらに言えば、第1章でも触れたように、今やFRBのような中央銀行でさえもが、短期金融市場を通じて市中の資金供給・吸収を行うという伝統的な金融調節から変わってしまった。債券や住宅ローン債券などの市場性証券を購入することで資金供給を行うという、非伝統的な金融調節を行うようになってきた。リーマンショック後に導入された非伝統的金融政策は、当初は緊急避難策であり、いずれ出口に向かう（解消される）と考えられていたが、長く定着することとなった。

このことから米国の金融政策は、金本位制度、管理通貨制度を経て、いわば「株価本位制」あるいは「市場価格本位制」とでも称すべきものになったといえるのではないだろうか。ＱＥは株価をはじめとする資産価格の引き上げに大きく寄与した。リーマンショック後、資産価格が上昇しなかったら、経済成長も雇用増加もまったく実現できなかっただろう。

政策金利を上下させ、その先にある銀行の信用創造をコントロールする伝統的金融政策は、ゼロ金利と企業の借入需要の消滅で機能しなくなった。それに代わって登場したＱＥは、平たく言えば株価と不動産価格の押し上げ政策である。そのために巨額の実弾（資金）が必要になり、ＦＲＢのバランスシートが大膨張したのである。

人為的に株価・不動産価格を押し上げる政策は、まさに錬金術といってもよいが、前述したように、今それなくして経済は成り立たない、新しい現実と考えるべきだろう。

技術が発展し、生産性が高まれば、人と生産物、つまり労働と資本の余剰感が強まる。それは供給力が高まるのとイコールであり、相対的に需要が足りなくなることを意味する。

したがって、需要を増加させるために信用を創造する政策が不可欠になる。今、先進国でまったくインフレが起きず、デフレのリスクが世界的に優勢なのは、技術革新による供給力の増大が需要を上回っているからだ。

こうした背景によって今、特に米国においては株式資本主義の趨勢が強まっているのである。

もちろん、こうした動きに対して懸念を表明している人もいる。「株式のような価格変動が大きい資産の値上がりによって支えられている消費は不健全」とか、「中央銀行が社債や住宅ローン債券などの市場性証券を買ってマーケットを支えるのは、堕落以外の何ものでもない」という批判だが、こうした見方は意味をなさないと私は思う。ではどうすればいいのか、対案がない。

より本質的な見方は、金融市場のあり方そのものが大きく変わってきたということだ。たとえば金本位制だった時代には、金という実物資産の裏付けのもとで通貨が発行されていた。

ところが、現在の管理通貨制度のもとでは、金の裏付けがなくても、輪転機を回すだけで通貨を発行できるようになった。恐らく当時、金本位制が金融市場の常識だと考えていた人たちからすれば、金の裏付けなくどんどん通貨を発行できる管理通貨制度は、「堕落」以外の何ものでもないと思っただろう。

しかし、金本位制度から管理通貨制度への移行は、経済の発展に伴う必要不可欠なものだった。金本位制度から管理通貨制度への移行は「堕落」ではなく「進化」であったと評価できる。

過去100年間の中央銀行のバランスシートには、これまで金と国債が入っていたが、QE以降はここに市場性証券が加わった。

では、金と国債、市場性証券という3つの資産のなかで、最も健全性の高いのはどれだろうか。

実物資産であり、資産のラストリゾートとまでいわれる金が最も健全だと考える人は多いと思う。しかし、金は経済的価値を何も生み出さない、卵を産まない鶏である。金融資産の本質的価値とは、利益を上げ配当や利子を生むということに尽きるが、金は何も生み出さないのだから、金融資産としての経済的価値はゼロということになる。

国債の経済的価値もゼロに近い。なぜなら国債の価値を裏付けているのは単なる徴税権に過ぎないからだ。かつては、徴税権を持っていた政府が必ず返済してくれるという権威が裏付けとなっていたが、それも時には大きく揺らぐ。

それらに対して、QE以降、新たに登場した市場性証券は、唯一経済的な価値が明確な資産といえる。

市場性証券の本質的な価値とは、市場で合意がなされた将来のキャッシュフローの現在価値である。つまり金や国債よりも、市場性証券のほうが経済的に価値のある、実体を伴ったものなのだ。このように考えると、中央銀行がQE以降、市場性証券にコミットしたことを、堕落と切り捨てるのはあまり能のないことが分かる。

そしてもうひとつ、株式市場がイノベーションに対して最も親和性が強いことも、米国において株式資本主義が強化されていく理由として考えられる。

米国の株式資本主義は、好むと好まざるとにかかわらず、イノベーションを促す仕組みを内包している。つい10年前まで米国の代表的大企業だったGE（ゼネラルエレクトリック）は、20世紀末にかけて大きな成長を遂げ、一時は株式時価総額が5000億ドルを超えるほどになった。ところが近年は極端な業績悪化に苦しみ、株式時価総額は一時600億ドルを割り込み、ニューヨーク・ダウの構成銘柄からも外されてしまった。

一方でグーグルやアマゾン、フェイスブックなどのように、株式市場の参加者が価値を

米国株式時価総額トップ10

	10年前（2010/5/14）		現在（2020/5/14）	
1	エクソンモービル	298.8	マイクロソフト	1363.1
2	マイクロソフト	253.5	アップル	1333.5
3	アップル	231.0	アマゾン	1181.1
4	ウォルマート	195.9	アルファベット	920.8
5	GE	188.3	フェイスブック	584.4
6	バークシャー・ハサウェイ	188.2	バークシャー・ハサウェイ	414.4
7	P&G	180.1	J&J	387.6
8	J&J	176.4	ウォルマート	350.6
9	IBM	168.2	ビザ	344.2
10	ウェルズ・ファーゴ	166.9	P&G	282.0

単位:10億ドル

出所：ブルームバーグ、武者リサーチ

認めた企業は、歴史の浅さなどには関係なく投資資金が集まる。それこそガレージの片隅からスタートしたような企業でも、あっという間に大企業になっていく。そこで形成された高株価は巨額の金融力を新興企業に与え、社会的資源配分を根こそぎ変えてしまう。市場で形成された高株価が自己実現的に将来のキャッシュフローをつくっていく、ということが起きる。

このダイナミズムこそが株式資本主義の真骨頂だ。その時々において、最も価値があると思われるものに資本が素早く移動することで、イノベーションが促進されていくのだ。

前述したように米国は、中国との間で先端技術分野の激しい覇権争いを行っている。この覇権争いに勝利するためには、国内産業のイノベーションをどんどん加速させていかなければならない。それだけに、イノベーションと親和性が強い株式資本主義を、さらに一層、強化していく必要性があるのだ。

米国の株価は再び高みを目指す

株式資本主義が強化されていくなかで、やはり気になるのは今後の株価の動きだろう。前述したように、コロナショックを受けてニューヨーク・ダウは、極めて短期間のうちに高値から約4割もの急落となった。

一番底を付けたのが3月23日で1万8591ドル。そこから徐々に上昇し、4月29日には2万4633ドルまで回復した。急落前の直近高値は2万9551ドルだから、半値戻しの水準は超えてきた。

とはいえ、市場のムードはまだ楽観とまではいっていない。相変わらず原油価格は乱高下を続けており、それが景気に及ぼす影響が懸念されるし、3月のロックダウンによる景気の影響を数字で確認するのは、これからの話だ。

しかし、過度に悲観する必要はない。米国の株価は新型コロナウイルスの感染拡大が落ち着けば、再び史上最高値を目指して上昇していくと考える。

原油安を悪材料視している投資家もいるが、そもそも4月20日の原油価格暴落は、新型コロナウイルスの蔓延による経済活動の停滞が最大の要因だ。世界的に人の移動が抑制されているのだから、飛行機をはじめとする交通機関は軒並みストップしている。そこに使われていた燃料が急激に余っているのだから、原油価格が急落するのも当然だ。

4月末、5月物原油先物価格が史上初めてマイナスとなり、一時的に市場を震撼《しんかん》させた。しかしそれは石油に特化した商品ETFの投機の失敗が原因と判明し、市場は落ち着きを取り戻した。期近ものの原油価格急落を投資チャンスととらえ、年後半に売り抜けるポジションを形成したが、原油貯蔵能力不足から現物の受け渡しを回避せざるを得ず、史上初のマイナス価格に陥ったのである。北海ブレント原油市場ではそうした市場価格の乱高下がまったく起きていなかったところを見ても、このパニックは一過性、限定的なものであったと解釈できる。

いずれウイルスの蔓延が終息すれば、人は移動するようになる。エネルギーに対する需要も回復していくだろう。それを受けて原油価格が急落前の水準にまで戻せば、株式市場

日米の株式時価総額の対名目GDP比

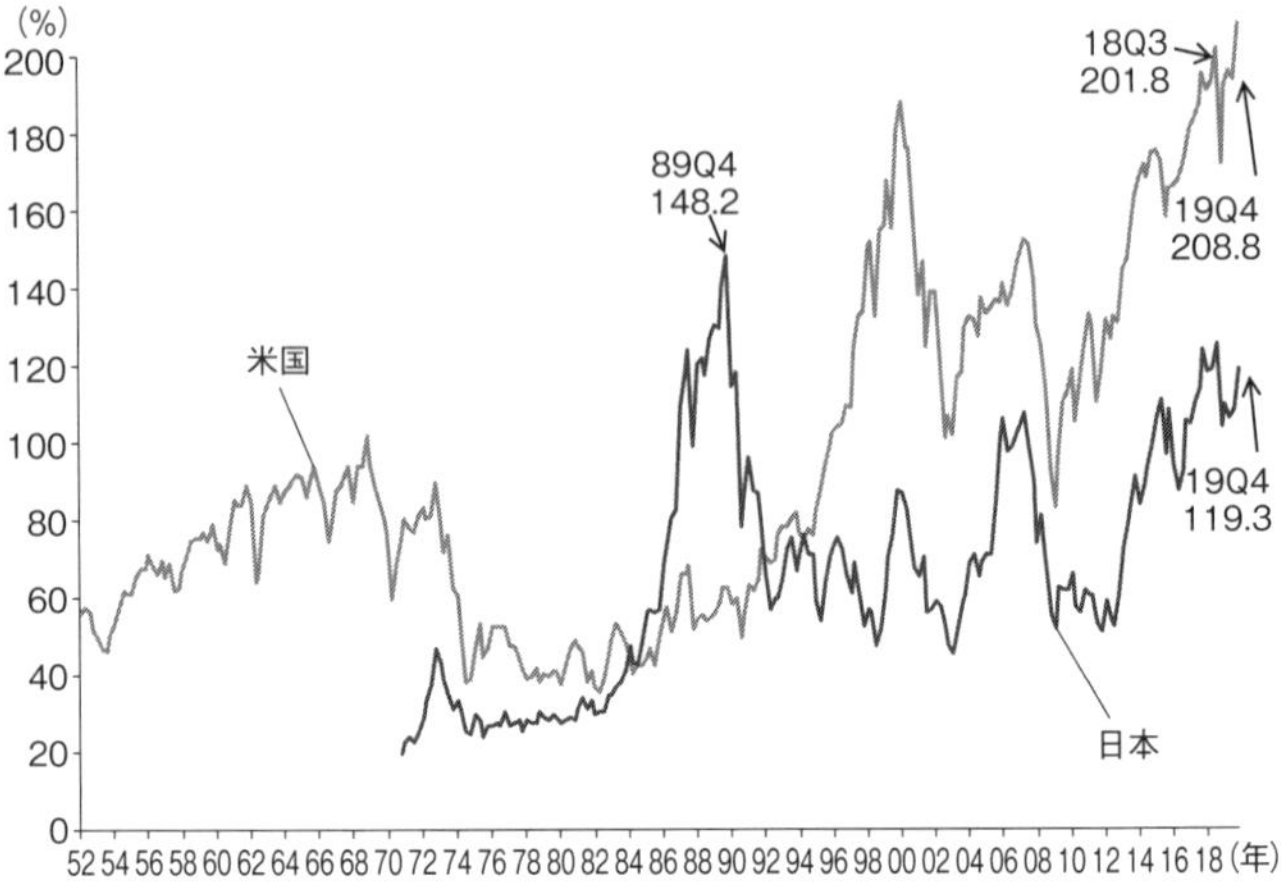

注：日本は85年以降は東証1部と東証2部の時価総額の合計、
米国は国内企業の時価総額の合計を使用。
出所：米連邦準備制度（FRB）、ブルームバーグ、武者リサーチ

を覆っている懸念材料はなくなる。今後も、米国の株価は長期的に上昇トレンドを形成していくだろう。

なぜそこまで米国経済と株価に強気になれるのか、以下ではその根拠を説明していきたい。

米国の株式時価総額を対GDP比で比較すると、コロナショック以前の水準は、歴史的に見ても著しく高かった。日米の株式時価総額を対GDP比で比較すると、米国の現状は200％と史上最高水準にあり、日本の株価がバブルピークだった1989年末の148％を3割以上も上回っている。

また、株式時価総額と債務総額の対GDP倍率を比較すると、債務総額の対GDP比は2008年のリーマンショック以降、2019年の第3四半期まで2・5倍で横ばい推移となっているのに対し、株式時価総額の対GDP比は上昇傾向をたどり、2・3倍にまで達している。結果、両者が拮抗《きっこう》しつつあることが分かる。

さらにPER（株価収益率）とPBR（株価純資産倍率）を国別に比較しても、米国のバリュエーションは突出して高い。特にPBRは日本の1・2倍、独・仏・英の1・7倍に対して、3・6倍にも達している。

しかしその一方において、米国の株価は他の金融資産、特にバブル化していると言われる債券に比べて、著しく割安であると考えることもできる。

2020年1月時点における米国の社債利回りが3・0％。10年国債の利回りが1・5％で、株式の配当利回りが1・8％となっている。これだけを見れば株式のリターンは別段、突出して高いわけでもない。だが、米国の株式市場では前述したように株主還元の一環として自社株買いが活発に行われているので、それによるリターンも加味する必要がある。そこで配当＋自社株買いの利回りを計算すると、時系列的には若干のずれがあるものの、2019年の第3四半期で5％に達している。

主要国における株式評価の推移

PBR

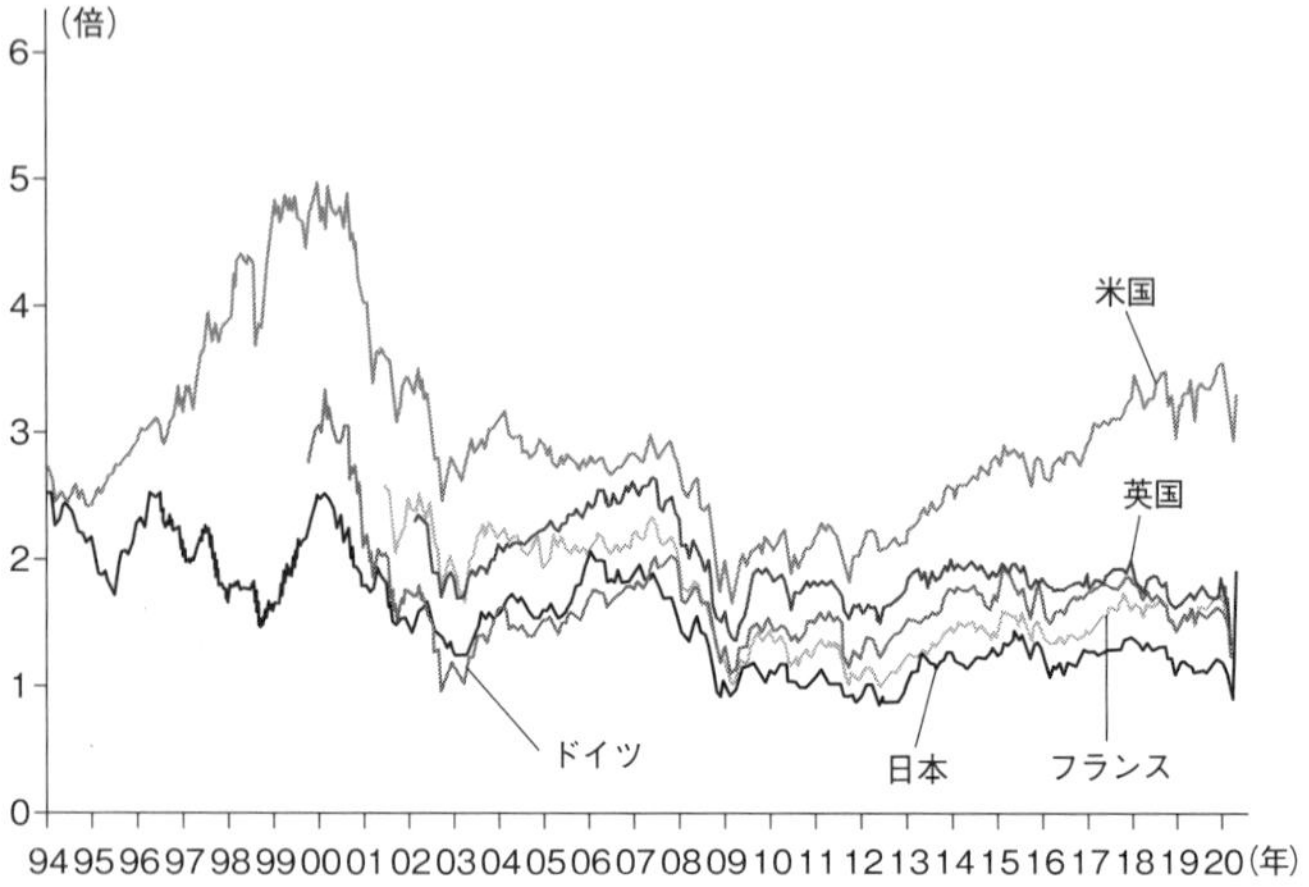

PER

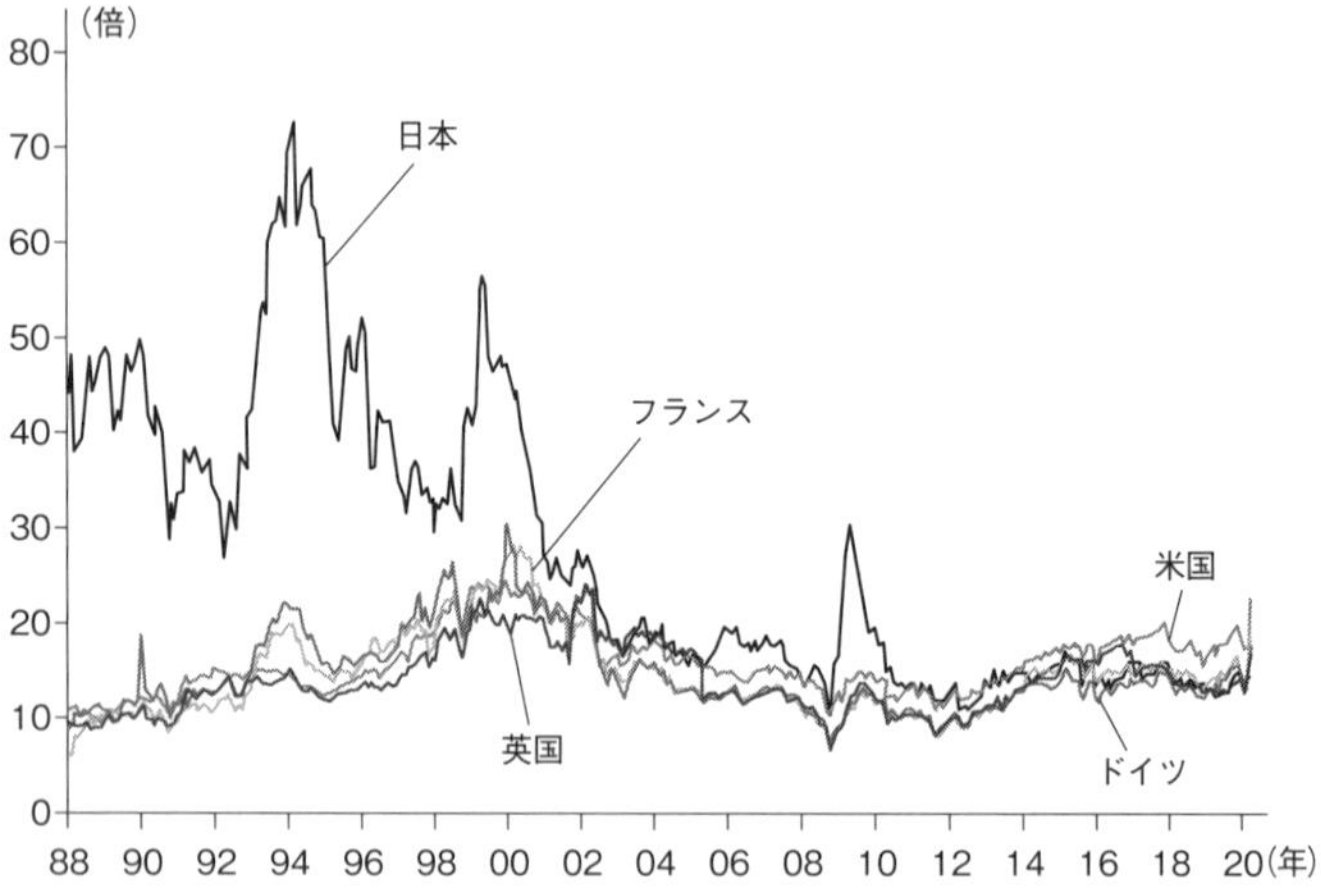

出所：ブルームバーグ、武者リサーチ

また第1章でも触れたように、リーマンショック後の2009年から、米国の株式益回りと10年国債利回りの間に大きな乖離《かいり》が生じており、株式益回りが恒常的に10年国債利回りを上回る状況が続いている。

こうした株式のリターンから見れば、コロナショック前のニューヨーク・ダウが史上最高値を更新する最中においても、米国の株価は決して割高ではなかったと考えることができる。ましてや今の株価は、コロナショックによって下げた分の半値戻しを達成したところ、かなりの程度、割安な水準であると考えて良いだろう。

ところで、米国の株価がバブルであるという主張が拠《よ》り所とする最も有力な根拠とは、シラー教授が唱えている「CAPEレシオ（シラーPER）」にある。CAPEレシオは、インフレ調整後の10年移動平均利益に対する株価倍率のことだ。これが25倍を超える水準は持続不可能であり、その水準に達した後で必ず株価は下落すると言う学者やエコノミストが大勢いる。

しかし、CAPEレシオが初めて25倍に達した1995年12月から2020年2月までの291カ月のうち、同レシオが25倍以上というバブルテリトリーに入った月数は200カ月と、ほぼ7割に達する。

CAPEレシオ推移

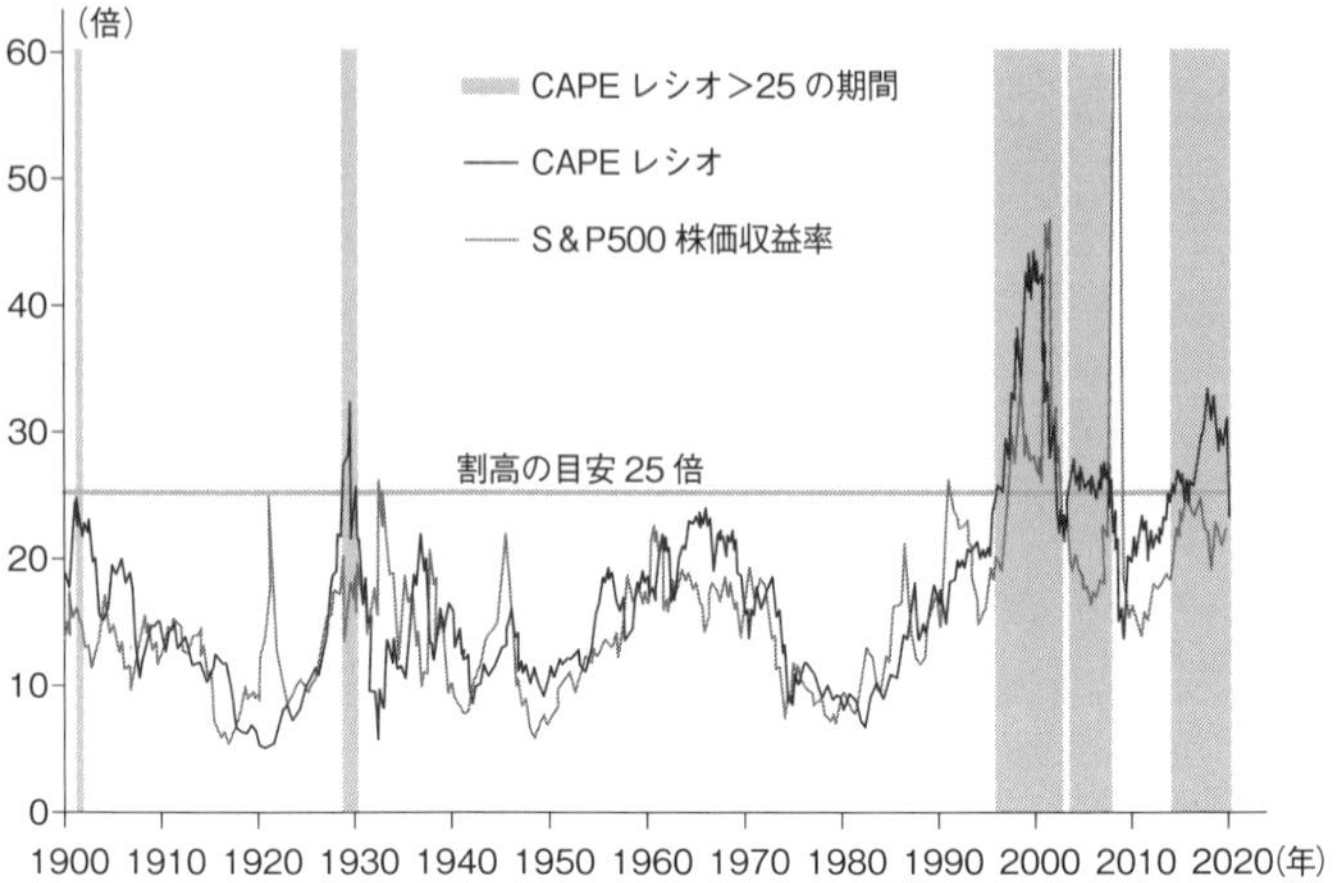

出所：ONLINE DATA ROBERT SHILLER、武者リサーチ

それ以前は25倍未満が普通だったのに、1995年12月から25倍を超える月が増えたのはなぜか。それは長期金利が低下したからだ。

前述したように、投資家は株式益回りと長期国債利回りを比較して、どちらか割安なほうに投資する。債券の利回りと価格のメカニズムは、**利回り上昇=価格下落、利回り低下=価格上昇**なので、長期金利が低下すればするほど債券価格は値上がりし、割高な水準になる。

そうなると、債券市場から株式市場へと資金が移動するため株価が上昇する。株価が上昇すればするほど、PERは高まり、益回りは低下する。つまり長期金利が長期にわたって低下している以上、高ＰＥＲが常態化するのは当然のことなのだ。

したがって、ＣＡＰＥレシオが25倍を超えているからバブルだという見方は、必ずしも正しいとは言えないのである。

投資家の動向を見ても、米国の株式市場参加者が楽観・熱狂的な状態にあるとは到底思われない。本来米国人は株価に対して楽観的な傾向にあるが、ここ何年も警戒的な見方のほうがはるかに強かった。

先に見たように投資主体別の動きを見ると、リーマンショック以降の10年間で、家計、年金、保険、投資信託はすべて米国株式を売り越してきた。確かに投資信託やＥＴＦは非常に大きな規模になったが、資金流入はもっぱら債券ファンドであり、株式ファンドからはむしろ資金が流出超であった。

株式投資への待機資金運用とみなされるＭＭＦ（マネー・マーケット・ファンド）への資金流入を見ると、２０１９年の資金流入額は５４７５億ドルで過去最高レベルとなった。その結果、２０１９年12月末のＭＭＦ残高は３・６兆ドルになり、リーマンショック後の２００９年１月に記録した３・８兆ドルに並ぶ水準にまで膨れ上がったのである。それだけ弱気心理に覆われているということだ。

このように、株式投資の待機資金が積み上がり、かつ金融緩和による新規マネーの増加と自社株買いによる株数の減少が進んでいるのだから、株価が上昇しないはずがない。株価が大きく上昇する需給条件は、十分に整っているといえる。

思い知らされる米国の圧倒的産業競争力

米国経済の強さを支えている要因のひとつが、株価を中心にした「株式資本主義」にあることは、ここまででご理解いただけたと思う。

しかし他の国、たとえば今の中国が株式資本主義の表面的なところだけを真似たとしても、米国と同じように経済が強くなるかというと、実はそうではない。米国には、株式資本主義を成立させるうえで必要不可欠な、本質的な強さがある。それが他の国を圧倒する産業競争力だ。

なぜ圧倒的なまでに強い産業競争力を持っているのか、そのポイントは3つだ。それぞれについて詳しく説明していこう。

①価値創造力の強さ

的確に将来を展望することは、さして難しいことではない。将来という結果を引き起こす原因を探せばいいのである。では将来の原因が今我々の周りのどこにあるのだろうか。それには以下の図式に倣《なら》えばよい。

(1)価値創造⬇(2)市場価格⬇(3)実体経済⬇(4)政治・社会、このように歴史は4つの段階を経て展開されていくと考えられ、(1)～(4)にはそれぞれ因果関係がある。

マルクス・エンゲルスが展開した史的唯物論は、社会の発展はその社会の持つ物質的条件（技術）や生産力（ビジネスモデル）の発展により引き起こされるとして、経済の在り方が土台（下部構造）になり、その上に政治・社会・精神的世界（上部構造）が築かれる、と述べている。この歴史を推し進める《経済⬇政治・社会》との因果関連は、現実の経済、政治社会の分析に有効である。この4段階発展は史的唯物論になぞらえた簡単なモデルであるが、驚くほど的確な予測手段である。

政治体制がしっかりしているのは経済が健全だからであるが、健全な経済は活力ある市場と堅固な価値創造（ビジネスモデル）によって支えられている、と言えば多くの人々は納得するのではないだろうか。

しかし往々にして政治学者や評論家は政治・社会がらみのいわゆる上部構造のみに注目し、今後を予想しようとする。たとえば為政者や現政権が、民衆からどれほどの支持を得ているのか、あるいは円滑に政治の意思決定プロセスを遂行できているのか、等々。

しかし、これでは本質を見誤ることになる。政治の将来を決めるのは経済であり、その根本をなす技術やビジネスモデルを駆使した価値創造の健全性、持続性を検証しなければならない。現在の政治だけを見て将来を展望するとすれば、それはバックミラーを見て車を運転するに等しい行為となる。


私が1993年に書いた、『アメリカ　蘇生《そせい》する資本主義』（東洋経済新報社刊）では、米国経済がこれから見事に立ち直り、米国が世界最強の経済大国として復活すると主張した。当時の米国経済は、日本との競争によって自動車産業が大打撃を受け、民生用エレクトロニクス産業はほぼ壊滅状態だった。政治面ではレーガン元大統領の後を継いでパパ・ブッシュが大統領に就任し、湾岸戦争によって高い支持率を得たものの、戦争終結後は景気が徐々にスローダウンし、2期目の大統領選挙でビル・クリントンに敗れるなど、実体経済と政治は混乱と自信喪失の最中にあった。

このような状況下、それでも私が米国は復活すると考えたのは、当時の米国企業の価値創造のメカニズムが素晴らしかったからだ。当時の政治学者の間では米国の経済や政治の混乱を目の当たりにして、米国の時代は終わったなどという悲観的なコメントが蔓延していた。ところが、そうはならず、ビル・クリントンの時代を迎え、情報スーパーハイウェイ構想などを軸とした長期的な成長過程へと入っていった。この頃から米国は、情報技術、インターネットに関連したニュービジネスが次々に勃興《ぼっこう》し、世界をリードしていったのだ。

確かに、ビッグスリーのような自動車産業や、鉄鋼などの重厚長大産業は、日本企業との競争に敗れ、企業としての価値創造力は大きく落ち込んだ。それでも一方でアップル、マイクロソフト、シスコシステムズ、インテル、アマゾン・ドット・コム、グーグルなど、今の時代をリードする、高い付加価値を生み出し続ける企業がたくさん輩出された。米国経済はこれから蘇《よみがえ》ると楽観的な見方をしたのは、私がこうした企業を現地でつぶさに見てきたからだ。

そうした米国企業の価値を生み出す力は、衰えるどころか、ますます強まっている。マイクロソフト、グーグル、アップルやアマゾン・ドット・コムは一段と大きな企業となり、それに続いてフェイスブックやツイッターなどのSNS、UberやAirbnbのようなシェア型ビジネスなど、次から次へと新しいビジネスモデルが誕生している。

このように次から次へと新しいビジネスが生まれ、それに関連した新興企業が立ち上がっていくのは、米国が健全な価値創造力を有している何よりの証拠と見てよい。そして、新たに生み出された価値が世の中全体に受け入れられ、新しい市場が創られ、より大きな市場価格を育《はぐく》んでいく。つまり新たな価値を創造する力こそが、その国の根源的な強さを育んでいくのだ。

②第七大陸が本領発揮

目下、新型コロナウイルスの影響で世界貿易が停滞している。こうなると、「資本主義の黄昏《たそがれ》」というような、極端な悲観的観測をする人々が必ず現れる。

しかし、今の米国経済および世界経済では、リアル経済圏とはまったく異なる、バーチャル経済圏がどんどん成長している。これは、インターネットを介した新たなビジネス・生活の空間のことであり、私はこれを「第七大陸（＝サイバー空間）」と称している。

これまで私たちが大陸と認識していたのは、ユーラシア大陸、アフリカ大陸、北アメリカ大陸、南アメリカ大陸、オーストラリア大陸、南極大陸の六大陸だ。これにサイバー大陸という第七番目の大陸が、この20年で大きく成長してきた。ちなみに第七大陸は、これまでの物理的大陸と違って無限の空間であり、だれでもネットにアクセスするだけで瞬時にそこの住人になれる。もちろん国境がない。高速処理ができる巨大なサーバーがあれば、いくらでも広大な土地（スペース）を手に入れられるのだ。

今やインターネットは、水や空気と同じように、私たちの生活活動において必須ともいうべき経済資源、生活基盤であり、価値創造の最大の源泉である。資本主義に必須の二大経済資源は資本と肉体労働であった。それらの重要性が小さくなる一方、インターネットの情報空間と、そこへのゲートであるスマートフォンなどのネット端末が必須アイテムとなり、それらがなければ、誰も生きられない時代になってきた。第七大陸で必要とされる労働は、精神労働や頭脳労働など、もっぱら無形労働となり、資本に代わって知恵が重要性を高めている。

では、第七大陸の発展がどのように経済に寄与しているのかを考えてみよう。

第一は人々に著しい便益を与えるとともに、劇的なコスト削減を可能にしていることである。たとえばリアル店舗に陳列されている商品は、リアル店舗の土地代、店舗内で働くスタッフたちの経費を含めた値段になるが、ＥＣ（電子商取引）のようにサイバー空間に陳列されている商品は、リアル店舗やスタッフを必要としないため、それらにかかるコストを削減でき、結果的に消費者は安い値段で購入できる。

第二はイノベーションが物凄いスピードで進化するなか、まったく新しい商品・サービスが生み出され、新産業・企業を勃興させていることだ。たとえばＵｂｅｒのようなシェアリングビジネスは、10年前には考えもつかなかったビジネスモデルである。それによってマクロ経済的には企業収益の著しい向上をもたらし、生産性上昇による物価の下落と、それに伴う購買力の増加を引き起こしている。

この第七大陸を圧倒的に支配しているものが米国企業群である。第七大陸に行くためには米国インターネットプラットフォーマーを経由しなければならない、そこで活動するためにはインターネットプラットフォーマーに寺銭を払わなくてはならない。そこでの言語や手順は米英文化圏である。米国独占に異を唱えたところで他の代替手段がない。ＥＵがデジタル課税賦課を検討しているが、プラットフォーマーは簡単にフィーの値上げで吸収できる。中国にはＢＡＴ（バイドゥ、アリババ、テンセント）という米国勢に対抗するプラットフォーマーがいるが、その閉鎖性、中国政府の介入余地などから、中国国外で米国勢に対抗できるとは思われない。

この第七大陸を米国企業が独占することの経済的利益は甚大である。後述するようにインターネットプラットフォーマーを中心とする米国多国籍企業が世界を股《また》にかけて、サービス貿易収支、一次所得収支を稼ぎまくっているのである。

③ライフスタイルの変化が生み出す新規需要

リーマンショック直後、10％まで上昇した米国の失業率は、2020年2月時点で3・5％まで低下した。3・5％の失業率は完全雇用状態といってもよい。

その後、新型コロナウイルスによる経済停滞を受けて、3月には14・7％にはね上がり、今後さらに上昇することは避けられないが、基本的に新型コロナウイルスの影響は一時的なものなので、経済が正常化していく過程で、失業率は大きく低下していくだろう。

米国の雇用が、どのセクターで増加したのかを見ると、教育医療、専門サービス、娯楽、観光など、個人向けサービス分野が中心だ。IT革命の下でのイノベーションと、個人のライフスタイルの向上が進行し、個人向けサービス需要が急増している。

そこには、情報化時代の新ビジネスモデルと新ライフスタイルが垣間《かいま》みえる。

たとえば在宅勤務や、会社員の兼業の一般化、アウトソーシングの一般化、新ネットワークビジネスの誕生、インターネットによる物流が主チャンネルになりつつあることなどにより、個人生活のフレキシブル化が一段と進行しているのだ。実際、米国の個人消費を牽引しているのがサービス分野であることは、ＩＳＭ非製造業景況指数の上昇を見ても明らかである。

このように米国では、リーマンショック後に行われた量的金融緩和により、個人のライフスタイルの変化を伴った新規需要が、サービス分野において勃興し、それが労働と資本の余剰を大きく吸収し始めた。ＩＴ革命の成果が、ようやく個人のライフスタイルを変え、生活水準の一段の向上に結び付いたのだ。それは米国において、歴史を画する情報ネット新時代の萌芽《ほうが》が見られ始めていると評価してもよいだろう。

マサチューセッツ工科大学教授のエリック・ブリニョルフソンとアンドリュー・マカフィーが早くから主張してきたように、今起こっていることは、彼らの著作『ザ・セカンド・マシン・エイジ』の通り、第二の産業革命なのだ。

第一次産業革命は、今から２００年ほど前に起こった蒸気機関などの発明によって、動力がどんどん普及し、人間の筋肉労働が機械によって置き換えられた時代だ。当時、最大の動力源は人間の筋肉とともに馬だった。

その後、動力源が馬から蒸気機関、そして現代のように化石燃料に移っていくことによって、動力源として用いられる馬の頭数がどんどん減少し、現代ビジネス社会ではまったく用いられなくなった。せいぜい観光用途くらいだろう。

もっとも、この第一次産業革命のおかげで、私たちはとても高度な文明生活を享受できるようになったのも事実だ。

そして、前述の2人の教授が主張している第二の産業革命は、いよいよ人間の頭脳を、機械が代替する時代に入ったということだ。ロボットやＡＩ、あるいはスマートフォンやクラウドコンピューティングなど、現代のさまざまなシステムが、人間の頭脳労働をも代替するようなことが起こっている。

その典型的な例は、自動車の自動運転だろう。

自動車の運転は明らかに頭脳労働だが、今や運転手がいなくても、自動車が自分で判断して動くようになっている。カリフォルニア州のサンフランシスコからシリコンバレーに走る国道101号線（ルート・ワン・オー・ワン）という高速道路には、グーグルの無人車が走っているそうだが、日本でもトヨタ自動車が、近い将来、無人自動車を発売すると宣言している。そうなると、いずれ運転手がいなくても、車が自動的に、行きたいところに連れていってくれるようになる。極端な話、小学生でも1人で車に乗れるようになり、これまではお父さんやお母さんが子供を塾に送り迎えしていたのを、全部機械が自分で判断してやってくれるという時代になるわけだ。運転免許証の存在自体が、不要になる日が来るかもしれない。

これと類似した変化が、至るところで起ころうとしている。今や翻訳もスマホ等機械で対応できるし、私が仕事にしている経済予測も同じだ。そうなると、人間は頭脳労働からも解放されることになる。第一次産業革命によって、人間が筋肉労働から解放されたのと同様、第二次産業革命では頭脳労働の仕事までもが、機械に奪われるのだ。筋肉も、頭脳もいらないとなると、これはもう全員が失業するしかない。コンピュータや機械が、私たちの仕事を奪う時代に入るのである。

実際、AIがいかにパワフルなものであるかは、チェスや将棋、さらには囲碁でも、そのクラスの最高の名人・王者と対局させた際、AIが次々に勝利していることからも推察できる。

特に囲碁はAIが人間を破るまでに、あと10年はかかると言われていた。それなのにA

Iのなかでもディープラーニングの仕組みが発展したことにより、あっという間に人間の棋士相手に勝てるようになった。そのくらいのスピードで、AIは進化しているのだ。したがって、人間が頭脳労働から解放されるまで、そう時間はかからないだろう。まさに近未来の話といってもよい。

そういう時代を、どのように捉えればよいのだろうか。

これは今の経済学において、極めて核心的な課題だと思う。機械が人間を代替し、筋肉労働も頭脳労働も費やすことなく経済が営まれるとなると、生産性は劇的に高まり、無限大に大きくなるだろう。そうなると人間は全員が失業する。いささか極端な話かもしれないが、経済社会がその方向に向けて急速に進展していくことは明らかである。

しかし、第一次産業革命によって人々の生活が格段に向上し高度な文明を享受できるようになったのと同様、第二次産業革命がこれから加速していくなかで、人々はさらにライフスタイルを変化させ、そこに新しいビジネス機会が生み出されていく可能性は大きい。

たとえば、今から30年前を思い出してもらいたい。1990年あたりだ。当時もコンピュータはあるにはあったが、その性能は現代のコンピュータに敵うはずがなく、多くの企業は、各種データを処理するために膨大なスタッフを抱えていた。経理処理や販売データなどを全部手書きで記載し、金額を電卓で計算していたのだ。

しかし、それから30年が経過するなかでコンピュータの性能は飛躍的に向上し、この手の業務に従事していた人たちが、今では完全にいなくなった。ということは、職場から物凄い数の人々が、弾き出されたはずだ。

では、世の中全体で失業者が激増しただろうか。

否、この30年間、失業者数はまったく増えていない。この事実を目の当たりにして思うのは、第二次産業革命が今後、さらに進歩したとしても、私たちの職が奪われ、世の中全体的に失業者が増え、経済が衰退するようなことにはならない、ということだ。

人類の歴史をたどってみれば、たくさんの同じようなケースに行き当たる。

最も顕著なケースは、農業において生産性が劇的に高まったことだ。今から200年前の米国では、実に74%の人々が農民だった。つまり100人中74人が農業従事者として一生懸命働き、ようやく100人が食べられたのだ。

しかし、今は日本でも米国でも、農民は100人中2人しかいない。2人が農家として働くことによって、100人が食べられるようになったのだ。これは、農業の生産性が劇的に上昇したからである。

とはいえ、現実には74人の農民のうち72人は失業したことになる。つまり農業の生産性が高まる一方で、人々の生活が何も変わらず、生活水準が200年前と同じなら、72人が路頭に迷っているはずだ。

しかし、実際にはそうなっていない。なぜなら農業から離れた72人は失業しているのではなく、新しい仕事に就いているからだ。

その新しい仕事とは何か。端的に言えば、人々の生活をどんどん豊かにしてくれる仕事だ。食べることは農業の生産性向上により、たった2人の労働で満たされるようになった。残りの72人は、人々がより良い生活を送れるようにサポートする産業に雇用されているのである。

それらは、200年前には存在していないものばかりだ。良い衣料を着て、良い住まいに住み、良い教育や医療を受け、そして良いエンターテインメントを楽しむといったように、少しでも人生を楽しみ、生活を良くしていきたいという、誰もが願っている生活願望が顕在化するなかで、それをサポートする新たな仕事が次々に生まれた。

つまり、生産性がどんどん高まって労働力の余剰が増えたとき、仕事がなくて遊んでいる人が何をするかというと、人々を喜ばせる新しい仕事を見つけてそこで働くか、あるいは自分で起業することだ。すると、そこに新たな雇用が生まれる。同じことは頭脳労働にもあてはまる。これからは知恵を振り絞るような、苦しい仕事はしなくても済むようになるだろう。

それは案外、悪くない時代の到来になるのかもしれない。第二次産業革命によってＡＩが人間の頭脳労働を代替することによって、私たちはつまらない、無味乾燥な頭脳労働から解放されることになる。

その代わり、芸術やエンターテインメント、スポーツなど、人々が楽しめる分野に新しいビジネスの芽が生まれ、そこが旧来の頭脳労働からあぶれた人々にとって、雇用の受け皿になる可能性が高まってくる。

2年ほど前、ある本が評判になった。『あと20年でなくなる50の仕事』（水野操著、青春出版社刊）という本だ。まさしく、前述の『ザ・セカンド・マシン・エイジ』が書いている、機械が我々の仕事を奪っていくという暗い未来像が描かれている。これから消えていく仕事が50もあるというのだ。

しかし私は、この本にはもうひとつの側面が決定的に欠けているように思う。それは、「あと20年で生まれる新しい50の仕事」という側面だ。

技術革新と生産性の上昇によって50の仕事が失われても、新たに50の仕事が生まれてくるのは、歴史が何よりも雄弁に物語っている。そして新たに生まれた50の仕事は、すべからく人々をより幸せにするだろう。

このように考えると、今起こっている生産性の上昇、産業革命は、私たちの工夫次第で、より良い、明るい未来を築くものになるはずだ。しかし、そのような明るい将来をもたらすための需要をどんどん増やして、人々の生活が良くなる環境を整えるための政策的なお膳《ぜん》立てが必要になる。だからこそ、需要を生み出す財政政策が非常に重要になってくるのだ。歴史上、芸術やスポーツなどを日常としていたのは貴族階級である。これからの時代は一億総貴族化の時代となるかもしれない。

強まるドル支配

米国経済の強さの根拠はもうひとつある。ドル覇権だ。

現在、「第七大陸」において米国が他の国を圧倒する力を持っているのは、特にデジタル分野において圧倒的産業競争力を持っていることに加えて、グローバル化を推し進めてきたからだ。

米国はかつても、そして今も、日本や中国など他の国々に対して巨大なマーケットを提供している。

米国が抱えている経常収支の赤字は、米国がその他の国々からたくさんモノを買ったことによって巨額に膨れ上がったものだ。しかも、海外からモノをどんどん輸入した米国は、自国でモノを作らなくなり、製造業が急速に弱体化していった。

そのため、米国の製造業は日本にも太刀打ちできなくなり、経済二流国とまで言われるようになったが、その間に今の強い米国経済を支える橋頭堡《きょうとうほ》が築かれていた。それがグローバル化とドルを軸とした金融支配である。

米国は第二次世界大戦が終わってから基軸通貨国になったが、そのドルを海外諸国から大量にモノを購入することで、惜しげもなく世界中にばらまいていった。加えて、米国は大量に海外からモノを買っているのに、貿易相手国が米国からモノを買わないのは不公平だと言って、さまざまな貿易障壁を取り払い、グローバル経済化を推し進めていった。また米国企業は多国籍化しグローバルなビジネス拠点を確立した。

そして2000年以降、デジタル化が加速するなかで、米国は第七大陸における世界標準を確立し、世界中にインターネットプラットフォームを供給することを通じて第七大陸の覇者になるのと同時に、ドル支配の土台を築き上げた。

前述したように、米国企業の競争力優位は歴然としており、インターネット、スマートフォン、クラウドコンピューティングなどの情報ネットワークインフラにおいては、世界中の人々が、米国企業の提供するプラットフォーム上で、ビジネスと生活を営んでいる。

これらの強みが、米国の国際収支を大きく改善させている。２００６年の米国経常収支はマイナス８０６０億ドルだったのが、２０１９年はマイナス４９８４億ドルへと減少した。金融・知的所有権料・ビジネスサービスなどサービス収支の黒字額が、２００６年の７５６億ドルから２０１９年には２４９８億ドルへと3・３倍増になった。これに加え、直接投資、証券投資などの第一次所得収支の黒字が、２００６年の２６９億ドルから２０１９年には２５７０億ドルへと約10倍増になっている。

この間の米国の貿易収支は２００６年のマイナス８３７３億ドルから、２０１９年はマイナス８６６２億ドルと、ほぼ横ばいで推移している。今後、サービス収支と第一次所得収支の合計額が、過去13年間の平均年率13％のペースで増加し、貿易収支が今のまま横ばいで行けば、米国はあと5年で、経常収支黒字国へと転換するだろう。

米国経常収支、貿易収支、サービス+1次所得収支の推移と予想

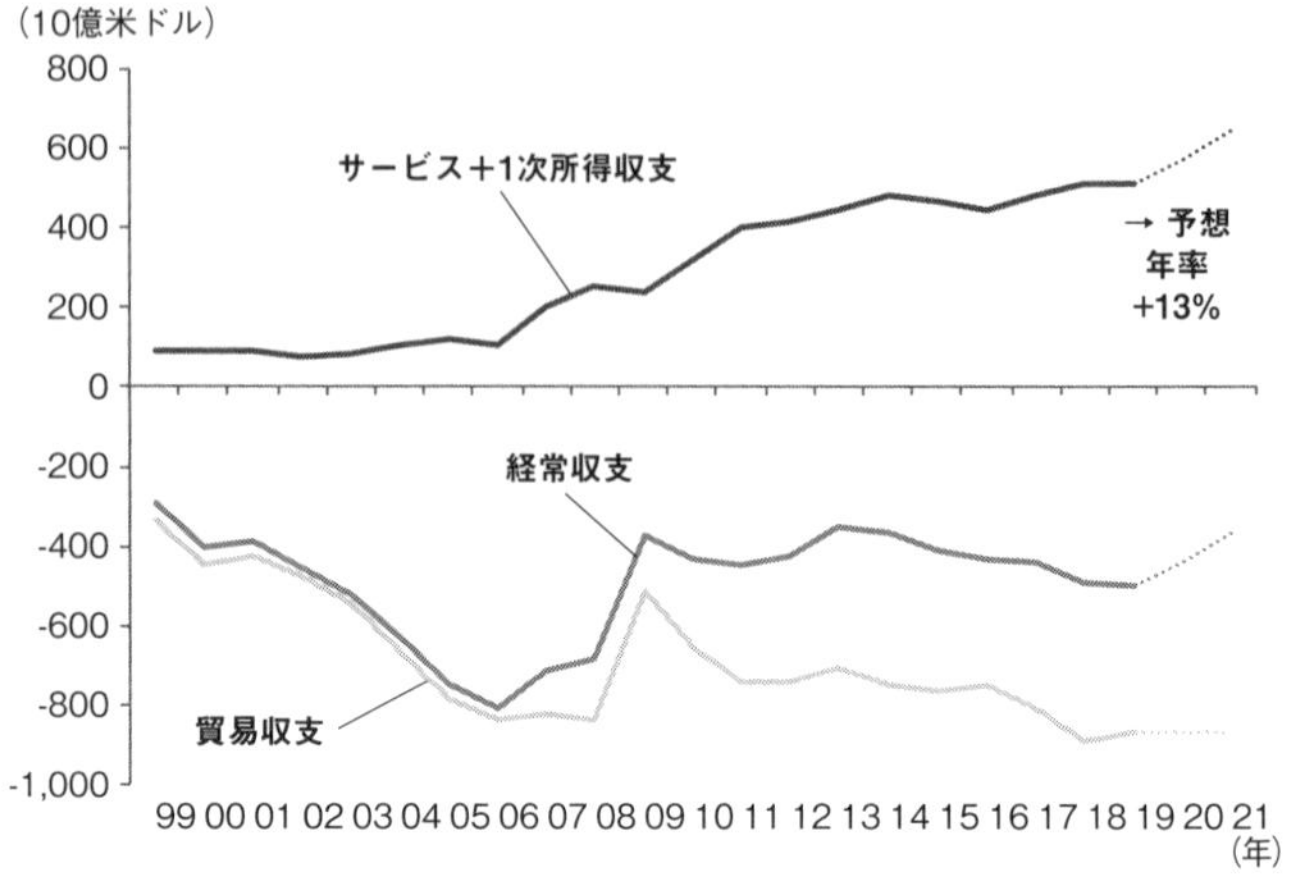

出所：米経済分析局、武者リサーチ

基軸通貨国である米国の経常収支均衡が視野に入り始めれば、それは非常に衝撃的だ。米国が１９７１年に金と米ドルの兌換《だかん》を止めたのは、この時点で経常赤字国になっていたからだ。

１９８５年のプラザ合意の時点で米国の経常赤字は対ＧＤＰ比３・４％に達し、持続不能と言われた。そこからドル切り下げによる競争力の立て直しと、赤字縮小政策が打ち出されたのである。実際当時の最大の赤字相手国である対日赤字はピークを打ち、減少に転じた。しかし韓国、台湾、中国と新たな相手国との赤字は大きく膨らみ、２００６年には米国の経常赤字は対ＧＤＰ比５・７％まで高まった。

それが近い将来に、黒字に転換する可能性があるとすれば、驚きである。

米国は、これまで基軸通貨国であるという特権に甘えて無頓着《むとんじゃく》に経常収支の赤字増加を続けてきたが、それは他方で世界にドルという成長通貨を供給し続けてきたともいえる。

しかし、米国の経常収支が均衡へと向かい、やがて経常収支の黒字が現実のものになれば、ドル供給が止まりドルの需給がタイトになり、ドル高を引き起こすようになる。すると世界で不足するドルを米国金融（中央銀行、市中銀行、企業、投資家）が投資・融資という形で提供することとなり、米国の金融による世界支配が進行する。

コロナ危機勃発の際に一時的にドル流動性が枯渇し、ドルが急騰する場面があり、FRBの急遽《きゅうきょ》の通貨スワップ協定によるドル供給でドル不足が沈静化する場面が見られたが、それは将来恒常化する事態かもしれない。

この状態で、さらなるドル高が進行すれば、米国の経常収支の改善ペースは、さらに早まる可能性さえ浮上してくる。現在、インターネットインフラのプラットフォームを支配しているのは米国企業だ。ドル高になれば、こうした米国企業はドル建てでの収入維持を狙って、海外のサービス価格を現地通貨建てで引き上げるだろう。

一方、それを使用する側は、米国企業が提供しているインターネットインフラのプラットフォームの他に代替手段がないので、値上げに応じざるを得ない。実際、わがオフィス（武者リサーチ）でもグーグルによるドメイン使用料の大幅な値上げ、マイクロソフトのソフト売り切りから利用料課金への切り替えに直面している。抵抗する術はない。

また、米国が輸入している労働集約製品の大半は、ドル高になれば、ドル建て輸入価格が低下する。

単純化すれば、米国の輸出品または海外に提供しているサービスは、独占的で価格支配力が強いのに対し、輸入品は多くの対米輸出国が競合しているので、生産者の価格支配力が弱いという非対称性がある。その結果、ドル高が進めば進むほど、米国の交易条件は大きく改善する。

米国の製造業製品の輸出比率と輸入依存度は、1970年ごろまでそれぞれ10％台だったが、今日では80％前後まで上昇している。これは、40年前はほぼ自給自足だった米国経済が、今は完全に国際分業依存に変わったことを意味している。そして、それは恐らく不可逆的だろう。この相互依存貿易のなかで、米国企業は付加価値が極めて高く、価格競争が起きにくい、インターネット・金融などのプラットフォームビジネスに特化している。

激しい価格競争にさらされ、低付加価値かつ労働集約的産業から作り出されるものを他国から買い、独占的かつ高付加価値な商品・サービスを他国に売る。この米国独特の産業構造は、自国通貨であるドルが高くなればなるほど、米国経済に多大なる恩恵をもたらすことになる。

帝国が帝国たり得る最大の要件は、強い通貨を持っているかどうかだ。古今東西、帝国支配をしてきた国の通貨は、強いものと相場が決まっている。

このことを、古代ローマ帝国を例に挙げて比喩《ひゆ》的に説明してみよう。現在、私たちは2つの点において、古代ローマ帝国の遺物を認識できる。

ひとつは帝国中枢の壮大な構築物、遺跡だ。水道橋やコロッセウム、その他、石造りの建物が、今も遺されている。人力で材料となる石を運び、このようなとてつもない構築物を造ることができたのは、古代ローマ帝国が本当の意味で豊かだったからにほかならない。

そして、もうひとつの遺物が「貨幣」だ。ローマ帝国の辺境と見なされていた地域からは、今も古代ローマ時代の貨幣が、どんどん出土している。それも金や銀といった貴金属をほとんど含まない、銅製、青銅製の貨幣だ。

では、なぜ古代ローマ帝国の貨幣が、辺境の地からどんどん出土しているのだろうか。

それは、古代ローマ帝国の時代には、すでに貨幣経済が広まっていたという証拠である。昔から富の集積と移転が、貨幣を通じて行われていたことを意味しているのだ。

当時、古代ローマ帝国の中枢が担っていたものは、行政、軍事、警察といった公共財・サービスである。それに必要なコストを銅製、青銅製の貨幣発行で賄っていたのだ。要は、金などをまったく含んでいない通貨を、金相当の価値があるものとして、辺境の民に使わせたのである。

それにより、辺境の地の富が銅製・青銅製の貨幣に集積される。もっと具体的に言うと、古代ローマ帝国の中枢で、それこそ1時間程度で作った貨幣を辺境の地に持ち込み、そこで辺境の地の人々が1年かけて作った農作物と等価交換していたのだ。

1時間で作った貨幣でもって、1年分の農作物を買えるというのは、古代ローマ帝国の貨幣が、いかに強いものであったかということを意味している。つまり、帝国が帝国たり得るためには、経済面から考えると、いかに強い通貨を持てるかという点に尽きる。強い通貨がなければ、帝国は機能しないのだ。

翻《ひるがえ》って、近年の米国はどうなのかというと、強い経済力だけでなく、世界最高水準の軍事力を持ち、国際公共財を提供してきた。国力をトータルで見れば、今も昔も米国は、「帝国」と呼ばれるに相応《ふさわ》しい頭抜けた強さを持っているといってよいだろう。

しかし、帝国を名乗るうえで相応しくなかったのが、ドルの弱さだった。対円で見ると、ブレトンウッズ体制の下で固定相場制が採られていた当時のドル／円は、1ドル＝360円だった。

そこからドルは徐々に切り下がり、1985年のプラザ合意では、その内容が発表された同年9月23日だけで、ドルは対円で約20円も下落した。さらに、1年後にはドルの価値が急落し、1ドル＝150円台で取引されるようになった。ちなみに、プラザ合意前のドル／円は、1ドル＝235円前後なので、プラザ合意は、その後のドル安トレンドを決定づけた歴史的な会合ということになる。

その後もドル安は止まることなく、1995年4月には1ドル＝79円75銭という安値を付けたが、日本の通貨当局は徹底的なドル買い介入を行い、1998年8月には1ドル＝147円台まで押し戻した。

しかし、2008年のリーマンショック以降、ギリシャショックに端を発した欧州債務危機が起こり、リスクオフの円買いが加速。日銀の中途半端な金融緩和姿勢もあり2011年10月31日には、1ドル＝75円54銭を付け、ドル最安値を更新した。これが、直

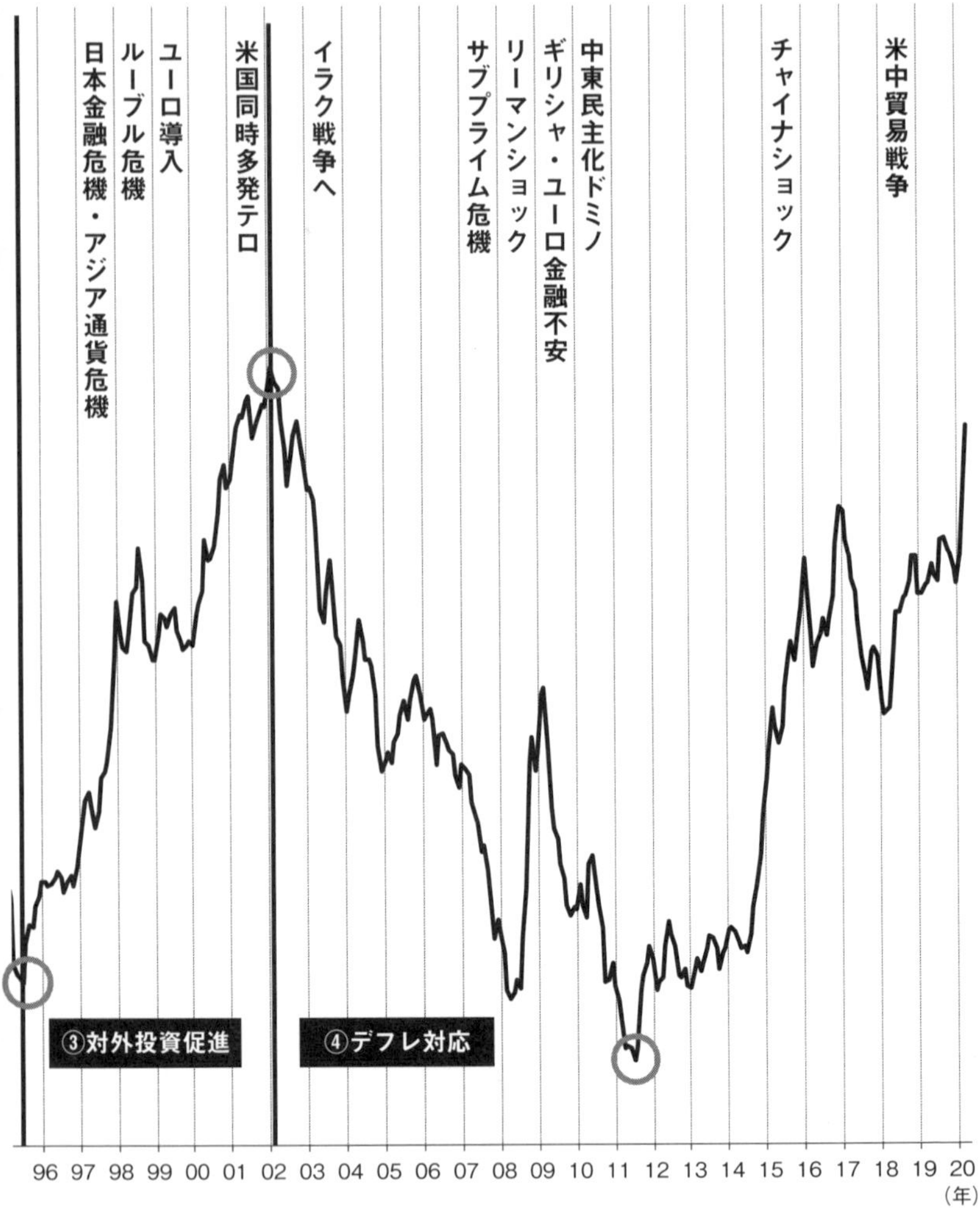

出所：米国連邦準備制度理事会（FRB）、武者リサーチ

ドル実質実効レート推移

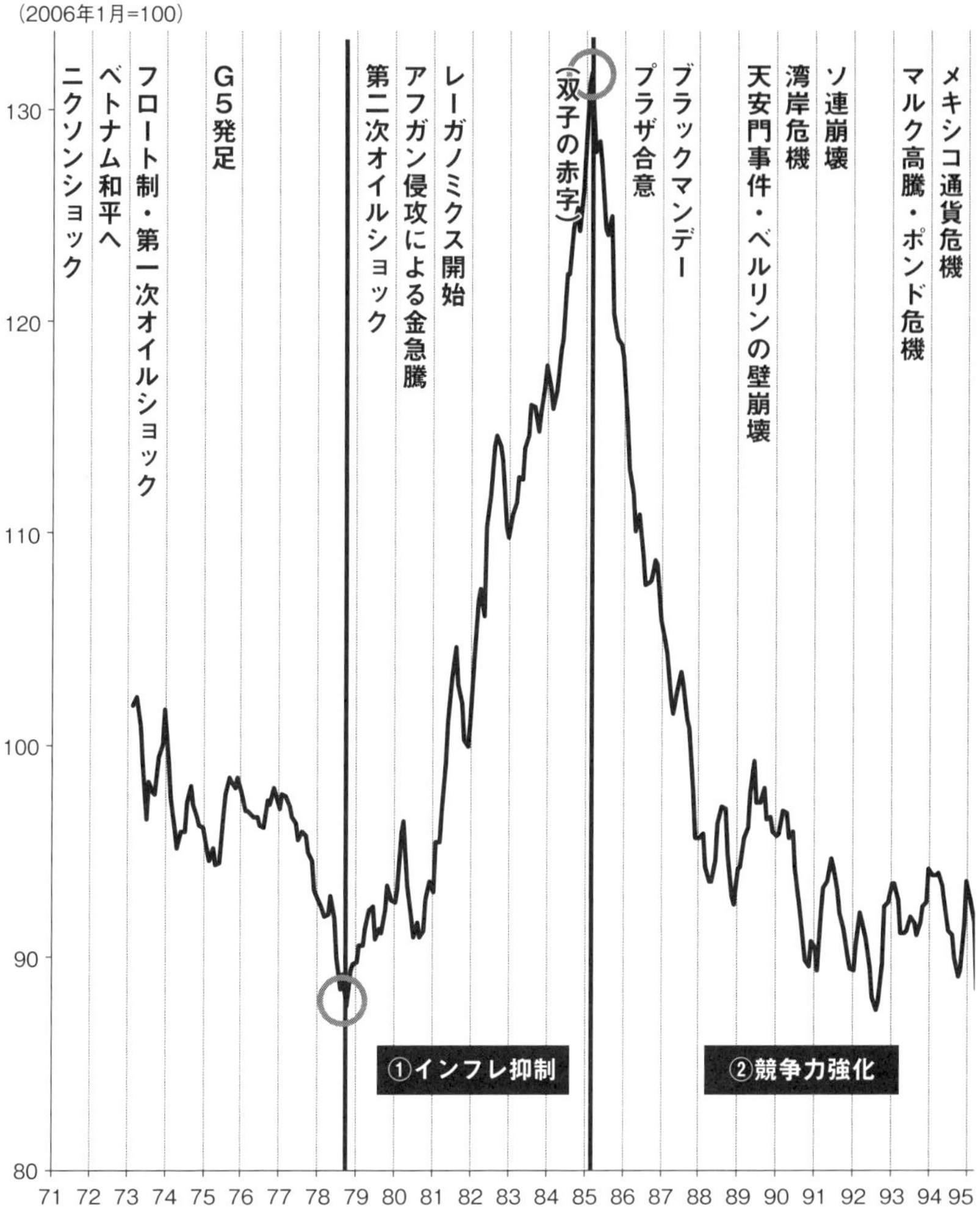
(2006年1月=100)
ニクソンショック
ベトナム和平へ
フロート制・第一次オイルショック
G5発足
第二次オイルショック
アフガン侵攻による金急騰
レーガノミクス開始
(双子の赤字)
プラザ合意
ブラックマンデー
天安門事件・ベルリンの壁崩壊
湾岸危機
ソ連崩壊
マルク高騰・ポンド危機
メキシコ通貨危機
①インフレ抑制
②競争力強化
130
120
110
100
90
80
71 72 73 74 75 76 77 78 79 80 81 82 83 84 85 86 87 88 89 90 91 92 93 94 95

近におけるドルの大底だ。

対円ほどではないが、ドルの長期的下落傾向は欧州通貨に対しても同様であった。図表のドルの実質実効レートを見れば1973年の変動相場制移行から2011年まで、5〜10年の上下波動を繰り返しつつドルが弱体化してきたことが分かる。

そしてこの間も、米国は世界の警察官であった。経済力と軍事力の両面において超大国であり続けたものの、「双子の赤字」や「格差問題」、「産業空洞化」など、経済・社会面における問題点も多数抱えてしまった。ついには超大国の義務と責任ともいうべき、世界の警察官としての地位からも退くかのようなスタンスさえ見せるようになった。これがオバマ前大統領までの米国の姿だ。

とはいえ、ここからが米国のしたたかなところで、一見、国力が弱体化しているふりをしつつも、裏側ではアメリカ帝国を築くための布石を、着々と打っていたように見える。それは国境という壁を少しでも低く、できることなら完全になくしてしまうことだ。そもそも軍事技術だったインターネットを民間に開放したこと自体、情報を通じて国境の壁を大きく引き下げることにつながった。

もっと細かい話をすれば、国際会計基準の導入も、各国の事情はともかく、米国を中心とするアングロサクソンの会計基準に合わせろ、ということだ。このようにビジネスを中心にして、さまざまな分野に存在していた国境の壁が大きく引き下げられた。

その裏側には、米国のプレッシャーが相当程度あったものと推察される。各分野に存在する国境の壁が引き下げられれば、あとは米国の押しひとつで、オセロの白がパタパタと黒に裏返るかのように、アメリカ帝国の傘下に入るというわけだ。

ドル高になれば、諸外国の資源や技術、企業のドル建て購入価格は、それ以前に比べてバーゲンセールのような水準に下がる。これは米国の国力増強にとって、非常に有利だ。技術力を持った海外有力企業を簡単に買収することもできる。

しかもドル高になれば、米国景気が過熱したとしても、インフレが昂進《こうしん》することはない。米国にとっては理想的な環境が整う。

中国は人民元の基軸通貨化を狙っているようだが、このドル支配を突き崩すのは容易なことではない。そもそも中国企業には、米国企業のような価値創造力の強さもなければ、第七大陸における支配力も持ち合わせていない。それどころかドルの威力が米中覇権争いを制する決定的鍵になるかもしれない。ひとたび敵性認定を行い、ドル使用を禁止すれば、だれもグローバル市場で生きていけない。米国のドルは最後の死命を制する伝家の宝刀なのである。

米中貿易戦争の過程で輸出競争力を強化したいという観点から、トランプ大統領はしばしばドル安を求めていた。しかし最近のトランプ氏の為替コメントは、ドル高が米国に有利とのニュアンスに代わっている。興味深い変化である。

トランプ大統領の再選はなるか

2020年11月3日、米国では大統領選挙が行われる。現職トランプ大統領の再選なるか。それともバイデン候補を擁する民主党が政権奪回に成功するのか。この原稿を書いている4月時点ではまだ何とも言えないが、私は再選する可能性が高いと見ている。

2017年12月15日のトランプ大統領の支持率は37・2%だったが、2020年4月17日時点では45・7%まで上昇してきた。

なぜ、トランプ大統領が再選される可能性が高いと見るのか。それは米国のエスタブリッシュメント層に対する反感や疑問が渦巻いているからである。

少なくともトランプ以前まで、米国の政治・外交に影響を及ぼしてきたのはエスタブリッシュメントと呼ばれている人たちだった。エスタブリッシュメントとは「社会的に確立された体制や制度」のことを指しており、平たく言えば支配階層のことを指している。WASP（ホワイト・アングロサクソン・プロテスタント）やアイビーリーグ（米国東部私立大学連合）が、典型的なエスタブリッシュメント層だといえば、何となくイメージできるだろう。

しかし、今の米国の有権者たちは、これまでのエスタブリッシュメント層の人々による政治的、外交的差配がもたらした現実に対して、かなりの疑問を抱いているという。ウォールストリート・ジャーナル（WSJ）のコラムニストで政治学者のウォルター・ラッセル・ミード氏は、2020年3月26日付のコラムで、次のように書いている。

「米国の通商政策は、敵対的な共産主義の超大国の台頭を助長し、国家の緊急時に不可欠な物資の供給を阻害する能力を与えてしまったが、こうした認識を持てなかった外交政策分野のエスタブリッシュメント層の知恵と見識はどれほどのものなのか。20年にわたってアフガニスタンで示された戦術的成果と戦略的無能さを通じて、軍と政界のエスタブリッシュメント層は、どれほどの能力を示したのか。リビアへの介入は何をもたらしたのか。中東の民主主義構築を目指したブッシュ政権とオバマ政権の立派な言説は、最終的にどんな成果をもたらしたのか」

　以上は、外交に関するエスタブリッシュメント層の失策に対する有権者の疑念を説明したものだ。ただし、それだけではなく、国内問題についても厳しい目を向けていることが書かれている。

「多くの有権者は米国のエスタブリッシュメントが、手頃でもなければ、皆保険でもない医療制度を作り上げたと考えている。高等教育で学生が負う借金が増え続ける一方で、多くの学生は現実世界で良い仕事に就けるだけの力を身に付けずに卒業する。中道派のエスタブリッシュメントは、道路や橋や水道管の補修をしないまま、前例のないほどの赤字を積み上げている。また、管理不能な水準の年金負債で市や州を圧迫している」

　大統領になるためには、多くの有権者たちからの支持が必要になる。その有権者が、エスタブリッシュメント層の政治・外交手腕に対して決して小さくない疑問を抱いている。そしてトランプ大統領は、反エスタブリッシュメント層ともいうべき人たちから大きな支持を得て、2016年の大統領選挙で勝利を収めた。

　さまざまな批判を集めたメキシコ国境の壁の建設に着手し、対中貿易戦争の火ぶたを切り、今は中断しているけれども、米大統領として初めて北朝鮮を訪問した。

話したり、ツイートしたりする内容は乱暴で我田引水的、反感を買っているが、政策面では公約に忠実であり、驚くほど着実である。しかも発言の内容は、米国全体を覆っている過度な建前主義（その極端な例がＰＣ、ポリティカルコレクトネス）を吹き飛ばすほどの破壊力を持っている。

トランプ大統領の人格に疑問符が付くことを否定するものではないが、それは直ちに大統領として不適格性を意味しない。多くの有権者がエスタブリッシュメントに対してある種の反感や疑問を持っているのだとしたら、２０２０年11月３日に行われる大統領選挙において、トランプ大統領が再選される可能性は高い。

では、トランプ大統領が再選されることで、何か困ることはあるのだろうか。

確かに今は景気が大きくスローダウンしているが、これは新型コロナウイルスによる世界的な経済活動の停滞によるものである。少なくともトランプ大統領の経済政策が失敗を犯したからではない。新型コロナウイルスの蔓延というイレギュラーがなければ、米国の株価はあのまま過去最高値を更新し続けていた可能性もある。

もちろん、トランプ大統領の政策について「保護主義」であるとか、「一国主義」、「孤立主義」などと批判する声があるのは事実だ。

しかし、トランプ政権が誕生して今に至るまでの間に、米国が一国主義や孤立主義に走ったことはあっただろうか。前述のとおり、米国はグローバル経済一体化の最大の受益者である。もし本気で一国主義や孤立主義に走ったら、それこそ米国経済は一巻の終わりなのである。

2019年、EUがグーグルなどIT分野の巨大企業を対象にして「デジタルサービス税」の導入を検討したとき、トランプ大統領は米国のIT企業を代弁してこれに反対した。それは米国がデジタル分野で世界トップの強さを持っていて、その覇権を世界に広めることが、将来の米国の強みになることをトランプ大統領自身がよく理解しているからである。

つまりトランプ大統領を一国主義者、孤立主義者と考えるのは間違っている。

「いやいや、中国に対するスタンスは保護主義そのものだろう」という意見もあるが、それは決して保護主義ではない。通商分野における国際的な取り決めを守ろうとしない、いわば「ならず者国家」の中国から米国の国益を守るために行っているアクションと見るべきである。

ウォルター・ラッセル・ミード氏が主張しているように、米国のエスタブリッシュメントは中国に、「国家の緊急時に不可欠な物資の供給を阻害する能力を与えてしまった」のだ。

郵便はがき

料金受取人払郵便

牛込局承認

9410

差出有効期間
2021年10月
31日まで
切手はいりません

162-8790

東京都新宿区矢来町114番地
神楽坂高橋ビル5F

株式会社ビジネス社

愛読者係 行

ご住所 〒 TEL: ( ) FAX: ( )		
フリガナ お名前	年齢	性別 男・女
ご職業	メールアドレスまたはFAX メールまたはFAXによる新刊案内をご希望の方は、ご記入下さい。	
お買い上げ日・書店名 年 月 日	市区 町村	書店

ご購読ありがとうございました。今後の出版企画の参考に
致したいと存じますので、ぜひご意見をお聞かせください。

書籍名

お買い求めの動機

1　書店で見て　　2　新聞広告（紙名　　　　　　　　　）

3　書評・新刊紹介（掲載紙名　　　　　　　　　　　　）

4　知人・同僚のすすめ　　5　上司、先生のすすめ　　6　その他

本書の装幀（カバー），デザインなどに関するご感想

1　洒落ていた　　2　めだっていた　　3　タイトルがよい

4　まあまあ　　5　よくない　　6　その他(　　　　　　　　　　　)

本書の定価についてご意見をお聞かせください

1　高い　　2　安い　　3　手ごろ　　4　その他(　　　　　　　　　　)

本書についてご意見をお聞かせください

どんな出版をご希望ですか（著者、テーマなど）

とりわけ米国は、海外から輸入している医薬品のかなりの部分を中国に依存している。これは平時なら問題ないが、今回のウイルス蔓延のような非常時には大いに問題となる。医薬品に限らず、米国人が使っている工業製品の4～5割は中国からの輸入に依存している。

したがって中国中心から、たとえば東南アジア諸国へとサプライチェーンを再構築したり、米国にとって絶対に絶やしてはならない物資に関しては、製造拠点の一部を国内に回帰させたりする動きが広まっていくだろう。

このようにみてくると、米国のグローバル戦略は、止まることはなくこれからも続いていくと考えるほかはない。ただし中国との関係については、今までとは大きく変わって一定の距離を置いた付き合いになるはずだ。

まさに今、世界は混乱期にある。平時のリーダーなら民主党の大統領候補であるジョー・バイデンでも事足りるだろうが、このような非常時にリーダーシップを取れる人間はかなり限られる。それは常識人ではなく、半ば正常と狂気の境目を上手に渡り歩ける人物だ。その役回りを務められるのは、やはりトランプ大統領をおいてほかにはいないだろう。

仮に経済の正常化が遅れ、バイデン氏が大統領になったとしても、大きな路線変更は起きないだろう。対中強硬政策において今や米国は一丸となっている。共和党内のティーパーティやリバタリアンを抑えてトランプ氏が舵《かじ》を切った大きな政府の政策体系は、むしろバイデン氏がより積極的に推し進めていくだろう。ユニバーサル・ヘルスケアやユニバーサル・ベーシックインカムなどの高次のソーシャルセーフティーネットの建設ではバイデン氏のほうに適性があろう。民主党左派の人々による自社株買い批判など、株式資本主義にブレーキをかける発言が目立ったが、穏健派であるバイデン氏は一線を画している。バイデン氏が当選したとしても、株式市場がネガティブに反応することはないだろう。

第3章

弥縫策を続けざるを得ない欧州経済

イタリアを襲った悲劇の元凶は欧州通貨統合

中国発の新型コロナウイルスは韓国や日本などアジアを中心にして拡散した後、欧州、米国、そして中東やアフリカ、中南米など世界中に広がっていった。いち早く中朝国境を閉鎖した北朝鮮に関しては、情報統制のおかげで一切、新型コロナウイルスに関する情報は漏れ伝わってこない。だが、恐らくあの国だけが例外ということもないだろう。ただ、感染者や死者の状況は国によってまちまちだ。医療崩壊に陥った国もあれば、何とかコントロールできている国もある。

とにかく悲惨な状況に陥ったのはイタリアだ。事の発端となった中国の感染者数が、2020年5月20日現在で8万7260人、このうち死亡者数が4636人となっているが、イタリアの場合、感染者数が22万6699人で、死亡者数が3万2169人だ。

もちろんイタリアだけではない。それ以外にも中国から遠く離れた欧州で、新型コロナウイルスは爆発的な広がりを見せた。スペインは感染者数23万2037人、死亡者数が27万7778人。フランスが感染者数14万3427人で、死亡者数が2万8239人。ドイツが感染者数17万5210人で、死亡者数が8007人だ。

ちなみに日本は同日の感染者数が1万6365人で、死亡者数は763人。米国は感染者数が152万7355人で、死亡者数は9万1845人となっている。

感染者数、死亡者数のいずれも米国が圧倒的に多いが、イタリアやスペインの場合、感染者数に占める死亡者数が非常に高い。米国の死亡率が6％であるのに対して、イタリアのそれは14・1％。スペインが11・9％と1割を超えている。感染者の1割以上が亡くなるのだから事態は極めて深刻だ。そしてイタリアに至っては医療崩壊にまで追い込まれてしまった。

なぜ、イタリアで医療崩壊を引き起こすほどの感染爆発が起こったのだろうか。これについては諸説紛々だ。

「人口に占める高齢者の割合が28・5％と高く、ウイルスに感染しやすい」

「会話やスキンシップが多いお国柄」

「一帯一路に参加したことによって大勢の中国人がイタリアに押し寄せていた」

といったことが言われているが、イタリアにおける新型コロナウイルスの悲劇は、欧州通貨統合に遠因があると考えられている。

欧州通貨統合とは何なのか、整理しておこう。

簡単に言えば、欧州の複数国が独自の通貨ではなく「ユーロ」という共通通貨を導入することだ。ユーロが銀行間取引などの非現金取引に用いられるようになったのが1999年1月1日のことで、2002年1月1日からユーロ紙幣と硬貨が流通するようになった。

1999年1月1日からユーロに参加したのはドイツ、フランス、イタリア、ベルギー、オランダ、ルクセンブルク、アイルランド、スペイン、ポルトガル、オーストリア、フィンランドの11か国だ。それ以前は、たとえばドイツはドイツマルク、フランスはフラン、イタリアはリラという通貨単位が用いられていたが、こうした各国独自の通貨単位は消滅し、ユーロに切り替えられた。

このように流れだけを説明すると、単に通貨単位を切り替えただけのように思えるだろうが、実際にはそんな簡単なことではない。欧州通貨統合の参加国は、国によって経済の成長率、財政状況、インフレ率など、経済のファンダメンタルズ（基礎的条件）は皆バラバラだ。そこにユーロという単一通貨を導入する以上は、ある程度、各国の経済ファンダメンタルズを、同じような水準に合わせる必要がある。

特に財政赤字についてはGDPに対して3％以内、累積政府債務についてはGDPの6

割以内という基準が設けられており、これを守れないとペナルティが科せられる。

実際にはそれぞれ違う国ではあるけれども、単一通貨を用いる以上、同じルールを守ろうという建前だ。イタリアの医療崩壊と死者の急増は、医療体制が比較的しっかりしていると思われている先進国においては想定外の惨状だが、この悲劇には、ユーロ参加国として守らなければならない財政規律の犠牲者という側面があるのではないか。

イタリアは競争力が弱く、大幅な貿易赤字と内需低迷を余儀なくされてきた。本来なら金融緩和と通貨切り下げ、財政出動により景気へのテコ入れが行われるはずである。しかし通貨と金融主権をユーロに奪われたばかりか、EUの縛りにより緊縮財政を余儀なくされてしまった。

他方EUの優等生と言われるドイツにとって欧州通貨統合は、大きなメリットとして作用した。というのも輸出競争力が強いにもかかわらず、ドイツの国力から見てユーロという通貨があまり強くならないからだ。そのためますます輸出にドライブがかかり、ドイツはGDPに対して8%もの経常黒字を抱えることになった。世界最大の貯蓄余剰国である。だから、財政を出動させなくてもドイツ国内の経済は回るのである。

日伊の財政収支・プライマリー財政収支対GDP比の推移

総合財政収支対GDP比

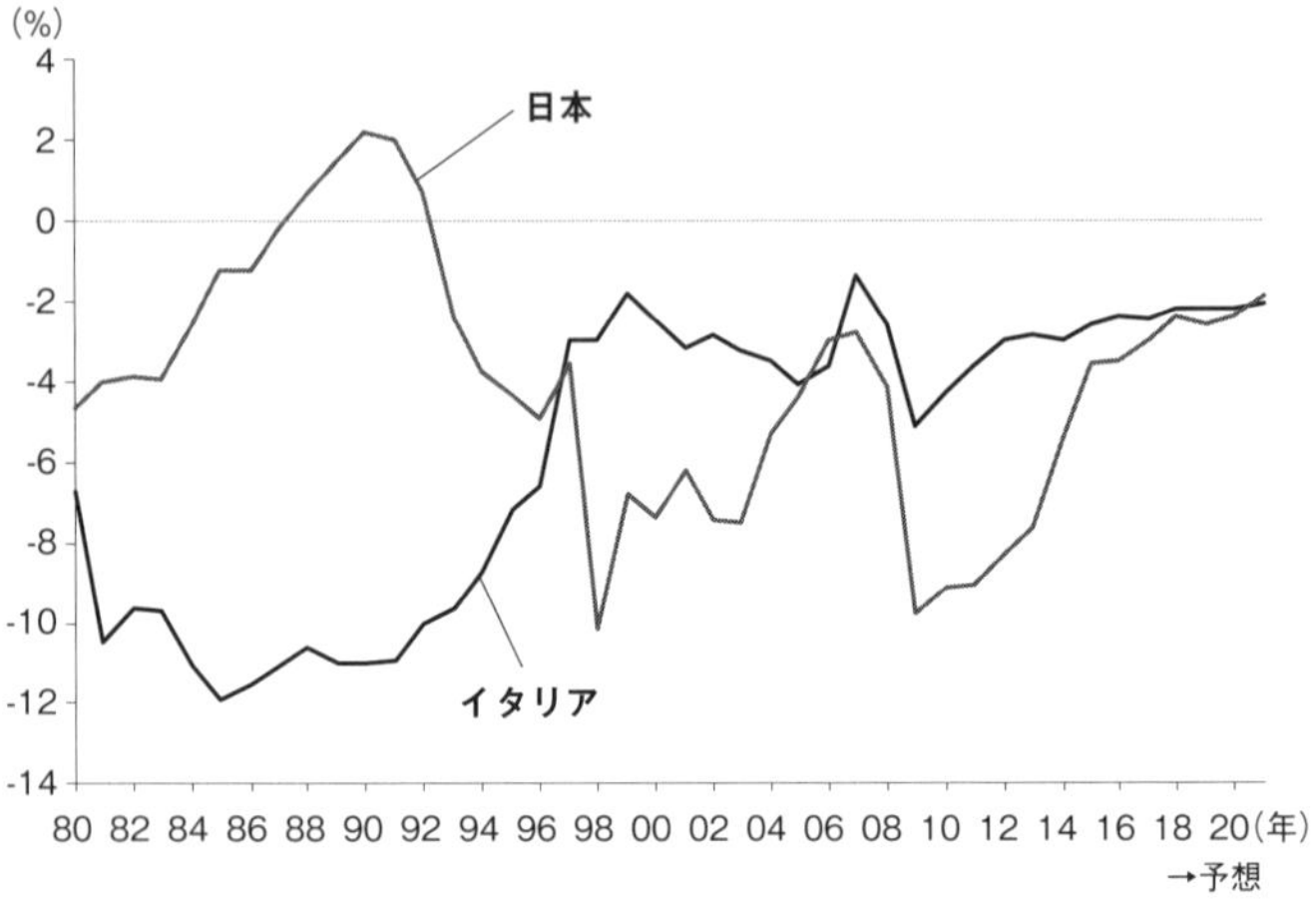

プライマリー財政収支対GDP比

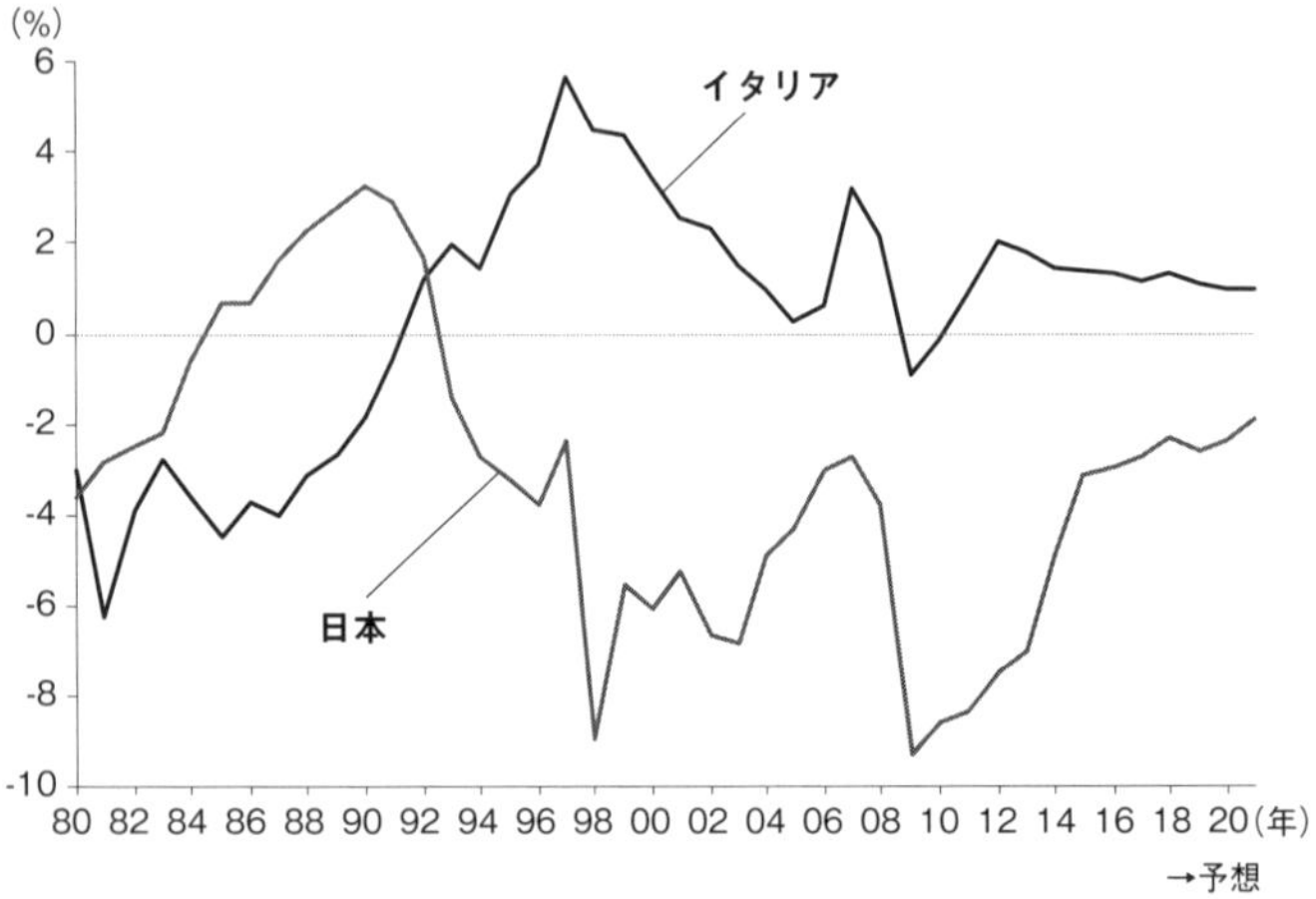

出所：OECD、武者リサーチ

しかし、イタリアをはじめとする南側の欧州はそうはいかない。イタリアの輸出競争力から見れば、ユーロは分不相応なまでに高い通貨である。したがって、ドイツとは逆にますます輸出がしにくくなり、景気が落ち込んでしまう。経済を活性化させるために財政を出動させようとしても、欧州通貨統合に参加しているため、財政赤字を一定以上増やすことができない。結果、にっちもさっちも行かなくなったのが、今のイタリアだ。

ＧＤＰに占める財政赤字の比率は、イタリアも日本も大きい。しかし右ページの図表に見るように、財政赤字の額から利払い費を差し引いた「プライマリー財政赤字」の額は、日本が大幅な赤字であるのに対して、イタリアは長期にわたって大幅な黒字が続いている。

黒字だから良いのかというと、決してそうではなくむしろ逆である。

財政赤字は国債の発行によって賄《まかな》われており、ここから利払い費を差し引いた残額（＝プライマリー財政赤字）が、政府が需要を生み出すために自由に使えるお金ということになる。

日本はこの部分が大幅な赤字なので、国債発行によって調達された資金の多くが政府による需要創造に回っている。

しかし、イタリアのようにプライマリー財政赤字が大幅な黒字ということは、国債発行

主要国の病床数推移

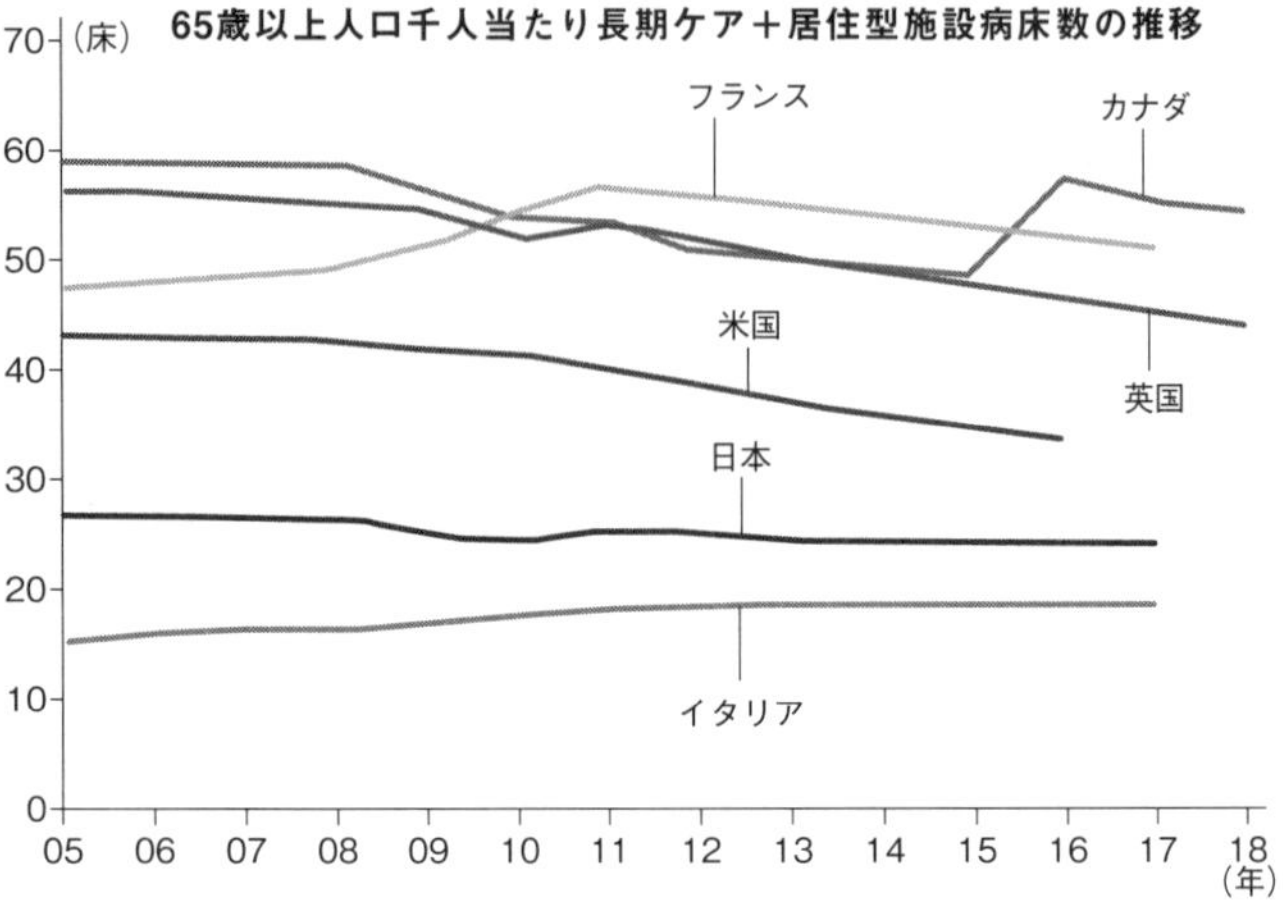

注：カナダ　2016年より推計法変更、英国は居住型施設のみ
出所：OECD、武者リサーチ

によって調達した資金のすべてが利払いに回され、それでも足りず税収の一部までが利払いに充てられていることを意味する。財政が新たな需要を作るどころか、財政が需要収縮をもたらしているのである。EUによる緊縮財政の強要のしわ寄せが、国民の生活水準を引き下げている、と言える。

緊縮財政のもと、財政支出が絞られれば社会保障費が削減される。当然、医療費も削減の対象となる。緊縮財政によって医療費が抑制された結果、どのようなことが起こっているのかというと、イタリアでは1000人当たりの病床数がこの20年でほぼ4割減少した。特に高齢者の長期ケア病床は、大きく見劣りする。これが医療崩壊の遠因になったと考えられている。

また、緊縮財政は実体経済にも影響を及ぼす。欧州通貨統合に参加している欧州各国の失業率を比較しても、それは明らかだ。2008年のリーマンショック後、ドイツの失業率は大きく低下して、今では完全雇用に近い水準になっているが、イタリアやスペイン、ギリシャといった南欧諸国の失業率は、2013年から2014年あたりから低下傾向をたどっているものの、それでも2008年に比べて高い。

ちなみに2020年2月時点の失業率は、イタリアが9・7%、スペインが13・6%、ギリシャが16・4%だ。対してドイツのそれは3・2%である。個人消費を見ても、ドイツやフランスはリーマンショック後、右肩上がりで上昇しているのに対し、イタリアは2013年にかけて大きく落ち込んだ。

そこから回復基調をたどってはいるものの、ようやく2008年と同水準にまで戻ったところだ。またギリシャは2013年にかけて大きく落ち込み、そのまま浮上できないほど厳しい状況が続いている。

イタリアがG7の中で唯一、中国が提唱する巨大経済圏構想「一帯一路」に参加したのは、そこに経済を復活させるための活路を見出そうとしたからだ。前述したように、それ

欧州諸国の個人消費推移

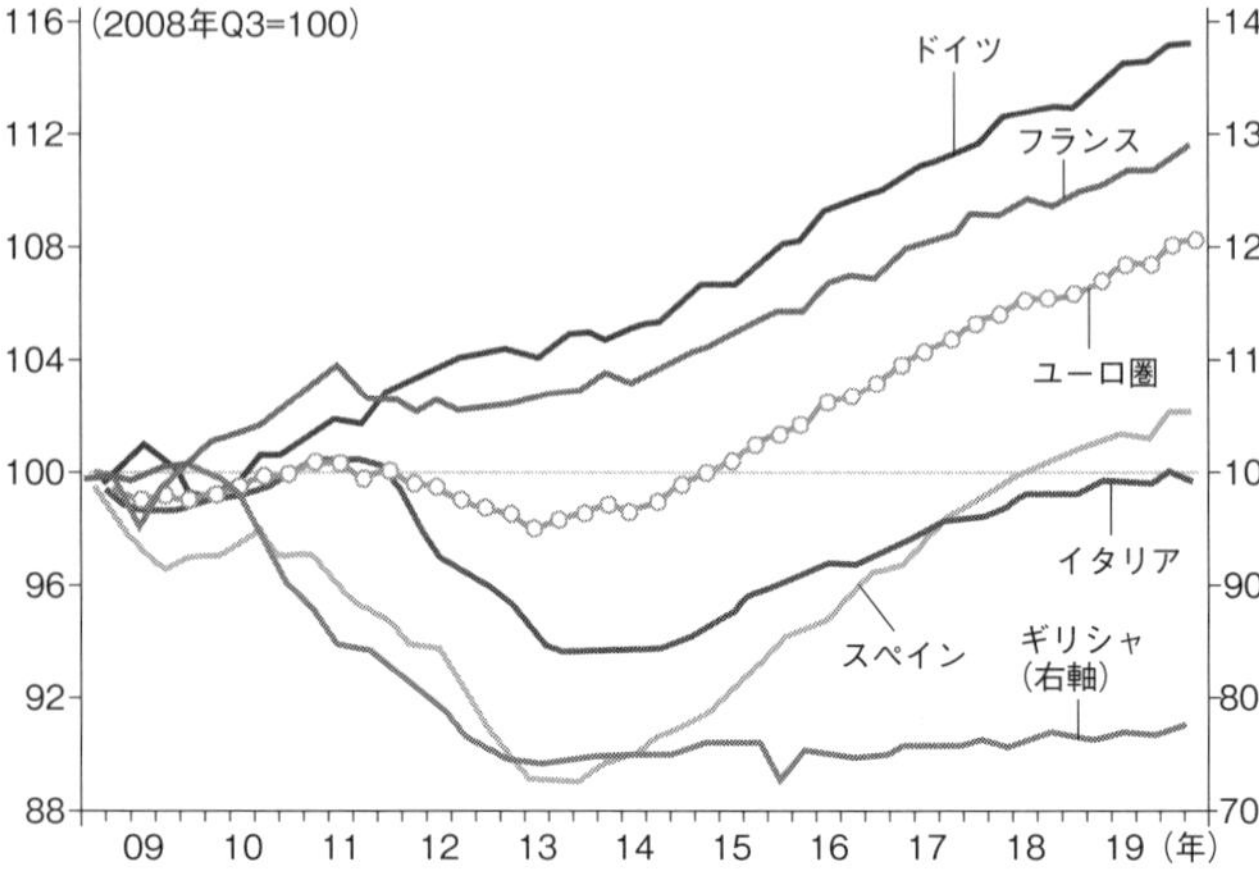

出所：ユーロスタット、ブルームバーグ、武者リサーチ

欧州諸国の失業率推移

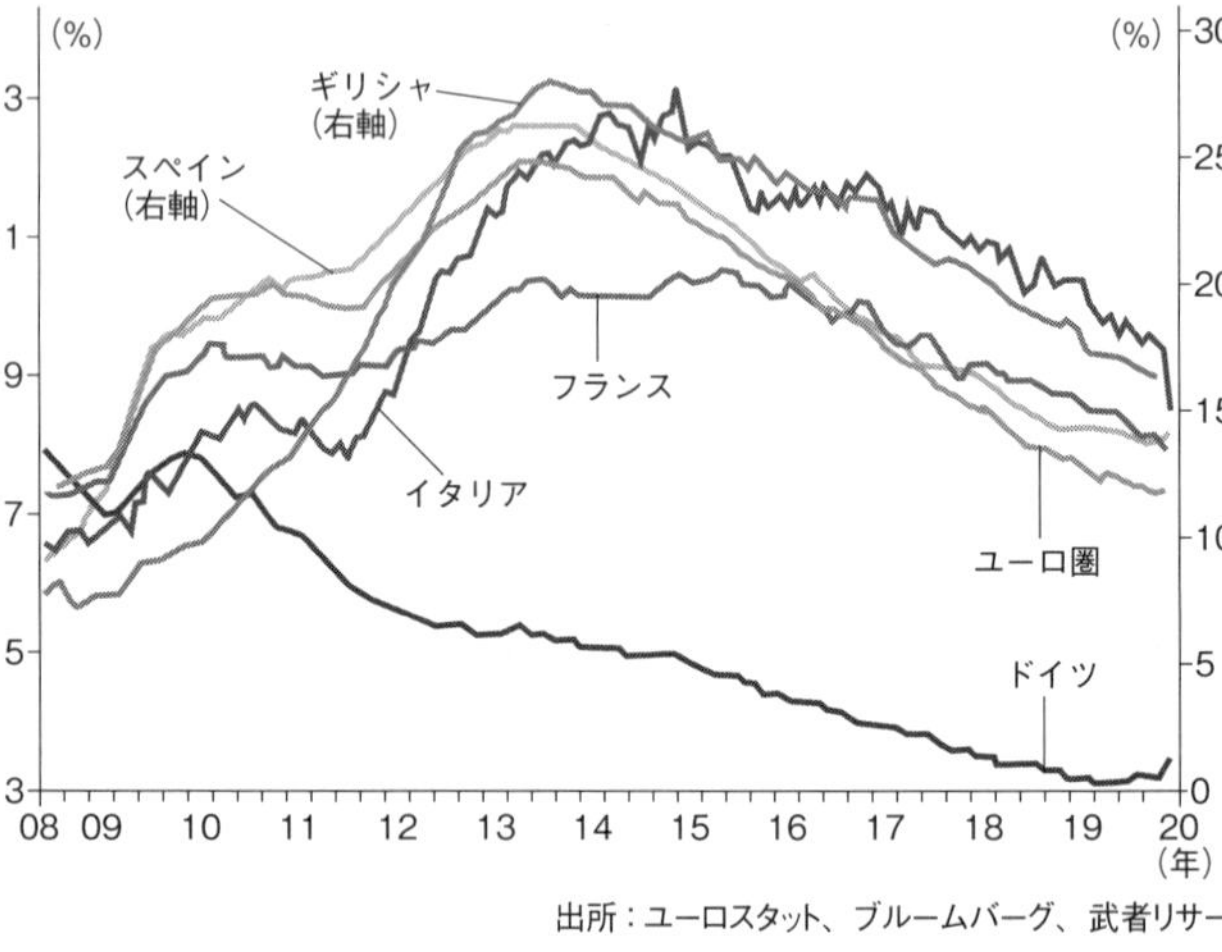

出所：ユーロスタット、ブルームバーグ、武者リサーチ

によってイタリアでは新型コロナウイルスの感染爆発が起こったとも言われている。まさに踏んだり蹴ったりだ。こうして閉塞感《へいそくかん》が強まると、人々はポピュリズムに走るようになる。

実際、今のイタリアは政治も混乱している。現在のイタリア政府は、ポピュリスト左派である「五つ星運動」と中道左派の「民主党」との連立で2019年9月に誕生したが、その前は五つ星運動と「同盟」の連立だった。

五つ星運動は左のポピュリズム政党、同盟は右のポピュリズム政党なので、当然のことながら政治は混乱状態に陥った。その混乱を引きずる形で今の連立政権が樹立されている。医療崩壊だけでなく、政治も混迷を極めている。

今のイタリアを見ていると、欧州通貨統合を核として欧州をひとつにまとめるという歴史的な実験は、ユーロ誕生から20年の歳月を経て、いよいよ先の見えない隘路《あいろ》にはまり込んでしまったかのようである。

ひとり勝ちドイツの憂鬱

経常収支が黒字で、産業の競争力も強いEUの優等生であるドイツについては現状、何の問題もないように見える。

しかし、実はそんなドイツにもアキレス腱《けん》がある。

欧州通貨統合に参加して単一通貨のユーロを導入している国のうち、イタリアやスペイン、ポルトガル、ギリシャ、アイルランドなど、主に南欧諸国を中心にしたこれらの国々をＰＩＩＧＳと称している。いずれもＧＤＰに占める財政赤字の比率が高い国だ。つまりユーロ加盟国のなかでは問題児というわけである。

２００９年10月、ギリシャで政権交代が行われたとき、旧政権が財政赤字を隠蔽していたことが発覚した。当初、財政赤字の対ＧＤＰ比は５％程度と言われており、それでも３％という基準を超えてはいたが、実際は12・７％もあった。この事実が判明した途端、マーケットではギリシャだけでなく、他の南欧諸国も同じようなことをしているのではないかという疑念が一気に広がった。イタリアをはじめとする南欧諸国や、２００８年に大型の金融破綻が生じて信用不安に陥ったアイルランドの国債価格が急落した。

　このとき、ギリシャはもちろん、イタリアやスペイン、ポルトガルといった南欧諸国が、欧州通貨統合の枠組みから脱落するのではないかと噂された。ところが実際には、少なくとも今の段階（2020年4月時点）において、これらの国々は欧州通貨統合の枠組みに留まっている。なぜなら、ドイツにとってもPIIGSのユーロ離脱を避けなければならない事情があるからだ
　ただし、それは決して隣国のためを思ってのことではない。

　もし、イタリアなどの南欧諸国がユーロを離脱したら、どういうことになるだろうか。当然、通貨単位は変わる。ユーロから離脱したのだから、たとえばイタリアなら「リラ」、スペインなら「ペセタ」を用いるようになるだろう。

　しかし、欧州通貨統合の枠組みから抜けた時点で、こうした国々の通貨は大きく売られるはずだ。南欧諸国にとってユーロは、実力以上に強い通貨だからだ。したがって、ユーロからリラに変わった途端、外国為替市場ではリラ売りが殺到することになる。

　自国通貨が安くなれば、ユーロ建て債務の自国通貨建て債務負担は重くならざるを得ない。その結果、債務返済は著しく困難化する。そうなったときに困るのが、ドイツなのだ。

ギリシャショックが起こる前、経済が好調だったドイツの民間金融機関は、余剰資金の運用先として南欧諸国が発行している債券を活発に買い付けていた。これはドイツと並ぶ大国、フランスも同様だ。

ところが前述したようにギリシャショックが起こり、信用不安が高まったことから、ドイツやフランスなどの民間金融機関は、南欧諸国が発行する債券の投資に及び腰になり、流動性危機が生じた。そこで導入されたのがＴＡＲＧＥＴ（Trans-European Automated Real-Time Gross Settlement Express Transfer System：汎欧州即時グロス決済システム）２だ。これは欧州中央銀行（ＥＣＢ）と欧州各国の中央銀行で構成されているＥＵの中央銀行間の即時決済システムのことで、ＥＵ内の国際決済は、大部分がＴＡＲＧＥＴ２を通じて、ＥＣＢを介在して行われている。

このシステムにより、ドイツのような黒字国はＥＣＢに対して巨額の債権を持つ一方、赤字国はＥＣＢから自動的に信用が供与される。このシステムが維持されている限り、ドイツはいつ不良債権になるか分からないイタリアやスペイン、ギリシャなどの赤字国に対して、次から次へと資金を提供し続ける形になる。

このようなシステムに組み込まれている以上、イタリアなど南欧諸国をそう簡単には切

Target2向け主要国債権・債務

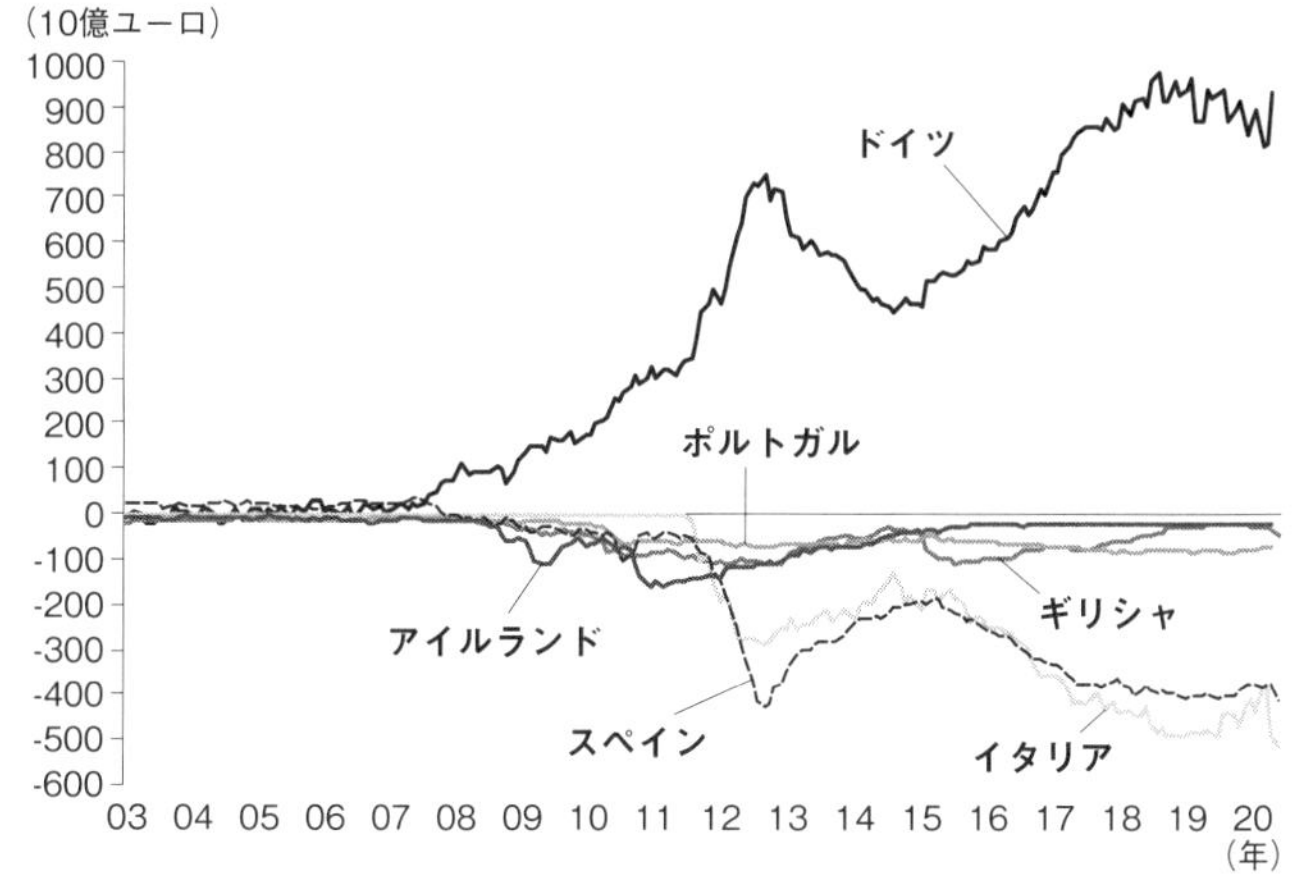

出所：各国中央銀行、ブルームバーグ、武者リサーチ

り捨てられない。もしイタリアなどの南欧諸国がユーロから離脱したら、前述したようにTARGET2によって自動的にドイツなどの黒字国から赤字国に流れている資金が焦げ付く恐れが高まる。それこそ欧州主力金融機関の破綻などということになったら、再び欧州発の金融危機が生じてしまう。確かに今の欧州通貨統合にはさまざまな問題点があるものの、それを維持せざるを得ない状況にはまり込んでいるのだ。

ドイツのもうひとつの問題点は、中国に深入りし過ぎたことだ。中国が巨大な市場を持つ産業国になると考えて経済連携を深め、ドイツ経済はその恩恵を受けて成長を続けてきたわけだが、一方の中国はといえば、ドイツとともに発展していこうなどという気はさらさらなく、ドイツが持っている優れた技術力をコピー、盗用により自らのものとしたら、あとは中国企業が市場シェアを奪うことしか考えていない。

このようにユーロが何とか機能しているのは、ドイツという強力な経済大国が裏で金融を支えているからだが、そのドイツでさえも、これまで説明したように決して盤石ではない。無理を重ねていくうちに、徐々に金属疲労が生じてくるだろう。

では、これからユーロはどういう道をたどるのか。

ユーロ加盟国のなかで最強のドイツは緊縮財政のしばりがなくなれば、一定の経済浮上が可能だが、かたくなな世論はそれを許さないだろう。

すでに経済的にはボロボロの状態にあるイタリアやスペインなどの南欧諸国は、ただひたすらドイツやフランスからのミルク補給で生きながらえている。

かつ、南欧諸国をユーロ加盟国から切り捨てようとすれば、南欧諸国の債務返済が支障を来すだけでなく、TARGET2を介して金融支援を行っているドイツやフランスの金融機関が、多額の不良債権を抱え込むことになるリスクが高まっていく。

ネガティブシナリオが山積みとなっているなかで、これらの問題を解決するためにユーロ加盟各国の間で合意形成がなされるとしたら、せいぜい財政規律を緩めるくらいのことしかできないだろう。目下、ユーロ加盟国の間で合意されている財政赤字のGDP３％以内という規律を緩めて５％とか７％にする。債務残高もGDPの60％から70％、あるいは80％というようにして、厳しい経済情勢にあるイタリアなどの南欧諸国が財政を出動させやすい状況にする。またユーロ債、コロナ債などの特別な国債の発行を南欧諸国に認め、それをECBが買い取る、等も考えられる。

しかし、これは結果的にユーロという通貨を弱めることになる。

ユーロ／ドルは、２０２０年５月21日時点で１ユーロ＝１・09ドル前後で推移しているが、いずれユーロ安が進み、１ユーロ＝１ドルというパリティ（等価性）も視野に入ってくるだろう。

もちろん、ユーロ安は強い経済を持っているドイツにとって、輸出競争力の強化につながるわけだが、一方で財務規律が緩められることで救われる南欧諸国のツケを、ドイツは背負い続けなければならないだろう。

ユーロ加盟各国の経済力の差はいかんともし難い。何か問題が生じたとしても、根本的な解決方法はなく、ひたすら弥縫策《びほうさく》を取り続けるしかないというのが、大国ドイツにとっては非常に悩ましいところだ。

ブレグジットで困るのは英国か、それともユーロ加盟国か

どうも欧州の未来は暗いように思えてくるが、数少ない例外が英国だ。

英国国民は2016年6月23日に行われた国民投票で、投票者の51・9%がEUからの離脱に賛成した。英国（British）がEUを離脱（exit）するという言葉を合成して、これを「Brexit（ブレグジット）」というのは、ご存じのとおりである。

その後、さまざまな紆余曲折《うよきょくせつ》を経て、英国は2020年1月31日にEUから正式に離脱した。この間、首相はEU残留派だったデビッド・キャメロン、その後を継いだテリーザ・メイが辞任に追い込まれ、ブレグジットは暗礁に乗り上げるかに見えたが、メイ前首相の後を継いだEU離脱強硬派の現首相、ボリス・ジョンソンのもとで、ブレグジットは成立した。

問題はようやく確定したブレグジットが、英国経済にとってポジティブなのか、それともネガティブなのかということだ。

さまざまなメディアを通じて流れてくるコメントなどを読んでいる限り、ブレグジットにポジティブなコメントは極めて少数だ。私の実感では、ポジティブ5%、ネガティブ95%という印象を受ける。

しかし、私はブレグジットが英国にとってメリットになる可能性が大きいとみている。ハードブレグジットになるにしても、ソフトブレグジットになるにしても、この4年間の議論によって、企業はおおむね十分な対応を整えた、といってもよいだろう。

一時はロンドンの金融街であるシティから多くの金融機関がフランクフルトやパリに拠点を移すのではないかなどと懸念されたが、金融中枢の海外流出は起きていない。法の支配、資本移動・運用の自由、英語などのソフト要素で、ロンドンに対抗できる金融ハブが大陸欧州にはなかったということだ。

また各種メディアのヘッドラインでは、英国の製造業がブレグジットのデメリットを受けるとの見方が大勢を占めていたが、必ずしもそうとはいえない。国民投票でEU離脱が決定した2016年から4年を経て、ようやくブレグジットに向けての不確実性が消えたことで、投資のペントアップ・ディマンド（繰越需要）が高まる公算が大きい。英国のポストEU戦略が描けるようになり、市場でも期待感が強まっている。

ロイターは新政権の政策骨格を以下のように報道している。

（1）**移行期間を延長しない**⬇英国は2020年1月31日の翌日からEU離脱の移行期間に入り、この間にEUとの新たな関係について交渉する。現行のルールでは、移行期間を2022年12月まで続けることが可能だが、保守党は選挙公約で、2020年末以降まで延長することはないと表明した。2020年末までに新たな貿易協定の成立にこぎ着けられない場合、英国は実質的に再び「合意なきブレグジット」に直面する。通商専門家は、2020年末までの成立は非現実的だとしている。

（2）**予算発表**⬇保守党はブレグジット後の予算を2月に発表し、医療サービス、教育、警察などの国内問題への支出を増やすと約束している。

（3）**移民**⬇保守党は、ポイントに基づく「オーストラリア型」の移民制度を導入する計画。移民総数を削減し、特に職能の低い移民を減らすと約束している。新制度ではEU市民と非EU市民を同等に扱い、大半の移民は求人がなければ英国に移れなくなる。公共サービスの人手不足を埋める移民や、科学やテクノロジーの分野で指導的立場にある移民については特別なビザ（査証）制度を設ける。

（４）**政府の借り入れ⬇**ジャビド財務相（当時）は財政ルールを改定し、向こう5年間の支出上限を年２００億ポンド増やすと表明。インフラ投資のための借り入れを、現在の国内総生産比１・８％から３％に拡大するとしている。

（５）**貿易⬇**保守党は、３年以内に英国の貿易の80％を自由貿易協定（ＦＴＡ）に基づいて行う意向を示しており、米国、オーストラリア、ニュージーランド、日本との協定合意を優先する計画を打ち出している。

さて、ブレグジットのデメリットについてだが、これは英国よりもＥＵのほうがより大きくなると考えられる。

英国の経済構造の特徴は、以下の3点が挙げられる。

（１）**世界で最もサービス業化・脱工業化が進んだ経済⬇**ＧＤＰに占める製造業比率は、英国は10％と世界最低（米国11％、日本21％、ドイツ22％、中国29％）である。財輸出世界シェアは2・5％（２０１９年）だが、サービス輸出世界シェアは6・8％（２０１９年）で米国に次ぎ第2位。製造業雇用比率は7・5％（２０２０年１Ｑ）と先進国最低。

（2）**世界で最も開放が進んだ経済➡**対外直接投資の対GDP比率は61％もある。他国の同比率はドイツが41％、日本が33％、米国が31％で、先進国だけでなく世界でも最高。また上場企業株式の外国人投資家保有比率も54％と世界最高水準（2018年）。

（3）**特徴的な国際収支構造➡**サービス輸出と巨額の対外直接投資からの所得で巨額の貿易赤字をカバーしている。特に対EUでは巨額の貿易赤字を持っているものの、それを英連邦諸国や米国から得られるサービス・所得収入の黒字で賄っている。

要するに、英国はEUにとって圧倒的にお客様であるということだ。英国はEUからたくさんのモノを輸入しているが、EUは英国からほとんどモノを輸入していない。では、英国は何を売っているのかというと、これはサービスである。それもEUに売っているのではなく、EU以外の全世界に向けてサービスを売っている。具体的には金融サービス・通信・情報技術が中心だ。

モノを売ると運搬費というコストがかかるので、できるだけ近隣諸国との取引にメリットがある。EUが英国向けにたくさんのモノを輸出しているのは、英国が地理的に近いからだ。

だが、サービスは具体的なモノがあるわけではないので、運搬費がかからない。そのため、たとえ地球の裏側にもほとんどコストをかけることなく売ることができる。

したがってEUは、モノのお客様である英国と一体化を強めたいという気持ちが強いが、逆にサービス産業に特化している英国はわざわざEUとの一体化を強める必要性がない。この点からも、ブレグジットが英国にとって非常に有利であることがうかがわれる。

新聞には、「ブレグジットによって、英国からEUに向けて輸出していた自動車工場が閉鎖される」といった類いの見出しが氾濫《はんらん》している。ただし、モノの輸出は、英国経済にとってごく一部に過ぎない。最も大事なのはモノの輸出ではなくサービスの輸出なのだ。

したがって、英国がEUからの離脱を望むのは、経済構造上、極めて合理的な行動といえるのである。

なぜ英国のサービス産業が世界的に強いのか。それはかつて大英帝国時代、世界の支配者だったからだ。

グローバリゼーションの主要素、資本主義、市場経済、民主主義と英語、諸法体系とビジネスプロトコルなどの母国は米国とともに英国である。英国は米国とともに世界秩序の主柱であり、依然として英連邦の主宰国であり、多様な国際関係の中核国である。したがって、英国の国際金融拠点、サービス業拠点としての地位は、ブレグジットの後も変わら

英国の対EU経常収支と内訳
(貿易収支、サービス収支、所得収支)の推移

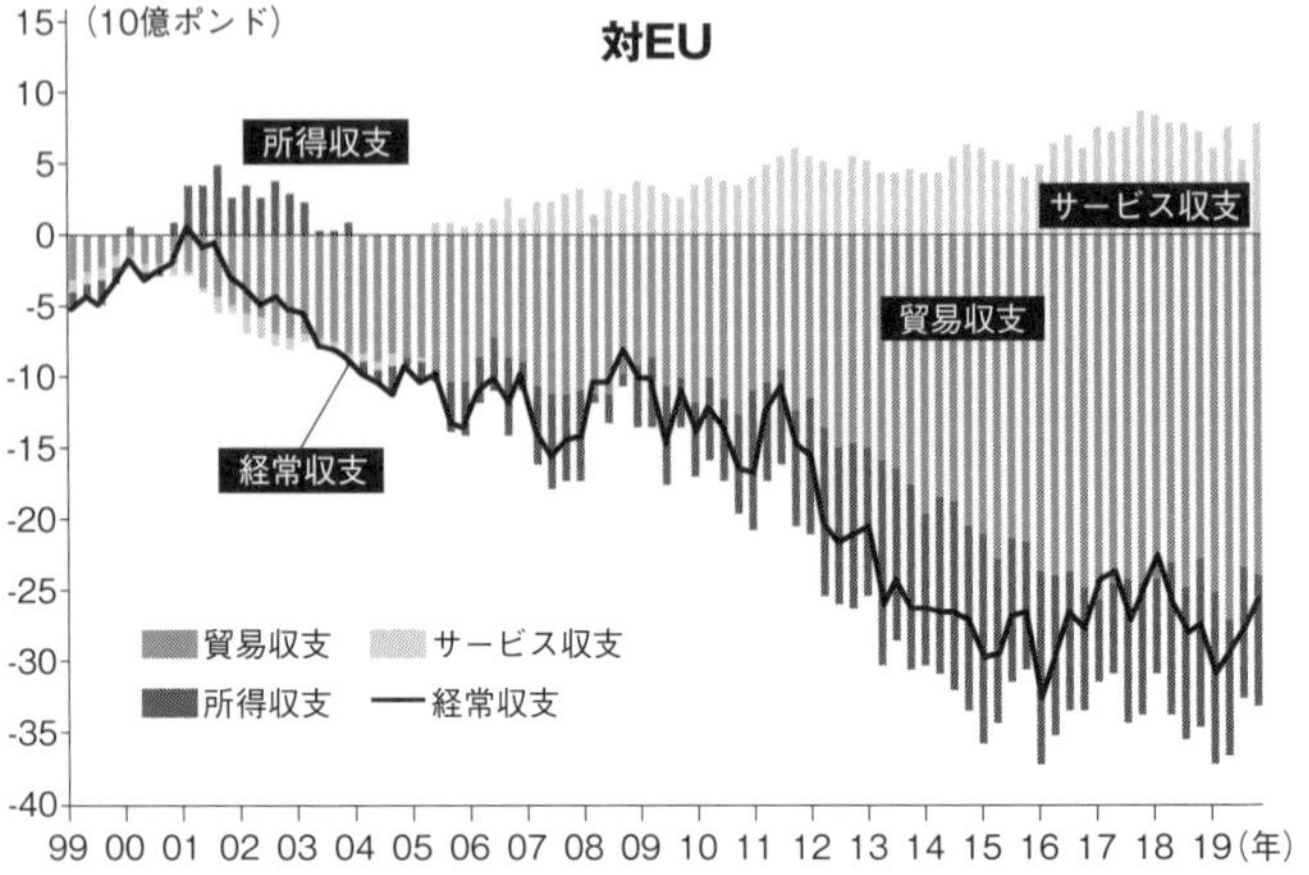

出所：英国国家統計局、ブルームバーグ、武者リサーチ

英国の貿易・サービス収支対GDP比推移

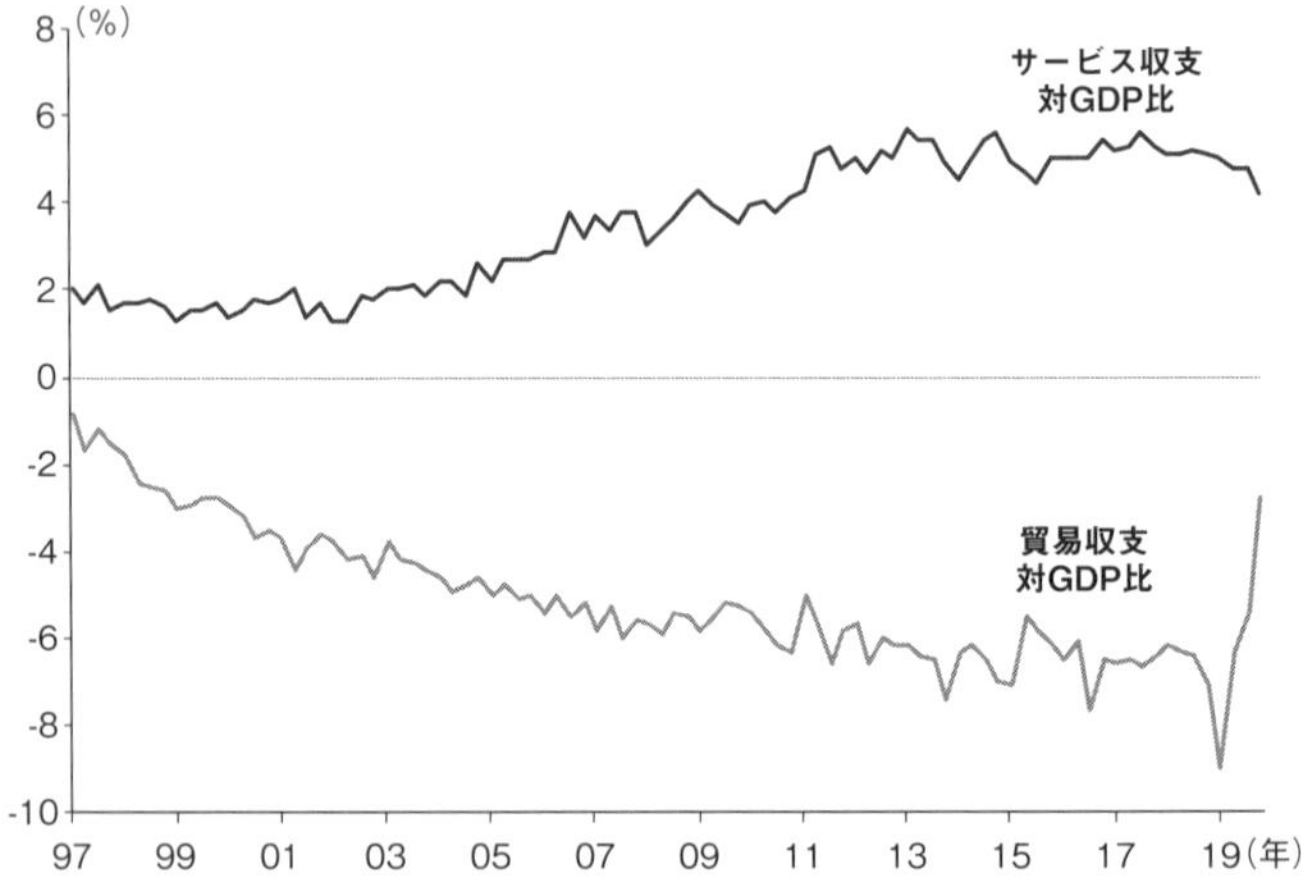

出所：英国国家統計局、ブルームバーグ、武者リサーチ

ないだろう。

そもそも、これほどまでの開放的経済大国化した英国が、ブレグジット後に閉鎖主義、排外主義に陥るとは考えられない。むしろ英国はEU以外の諸国・地域との連携を強め、別な形でのグローバリゼーションの深化を図るのは確実であろう。

言うまでもなく、今後の世界経済の成長を牽引する地域・国は、米国、インド、ASEAN、アフリカなど、むしろ非EU圏にある。大英帝国の遺産である英連邦を基礎とした国際的ネットワークの翼を、それらの国・地域に広げるという選択肢が浮上してくるとすれば、EU側も、離脱後の英国を冷たくあしらうわけにはいかないだろう。

他方イタリア、スペイン、ギリシャなどの南欧諸国がEUからの離脱により、現在手にしている信認の高い通貨であるユーロと、有利な金利を手放すとは考え難い。それは危機に瀕したギリシャのチプラス政権の変心を見ても明らかであろう。

このように見てくると、ブレグジットが欧州統合の崩壊の始まりであるとか、グローバリゼーションの失敗や終焉などというのは、単なるセンセーショナリズムであることが分かる。

これから始まる米英枢軸の動き

1980年代初頭のレーガン・サッチャー時代を彷彿《ほうふつ》とさせる、異形かつ同質の保守政党リーダーが、大西洋を挟んで再度登場した。トランプ米大統領、ジョンソン英首相である。

2019年12月の英国総選挙でボリス・ジョンソン氏率いる保守党が、1979年のサッチャー政権以来の大勝となり、過半数の議席を獲得したことによってブレグジットが確実となった。トランプ氏はこれに最大限のエールを送った。

両氏の性格、主張は驚くほど類似している。ポピュリストと形容されるが、経済合理性への信頼を強く持っており、左派の大衆迎合とは違う。具体的な主な特徴は次のとおりだ。

①破天荒、常識・慣例に従わない
②利潤追求への忠誠・プロビジネス
③自由主義、規制緩和

④形式民主主義・理想主義に対する嫌悪
⑤国益重視、グローバル秩序の改変
⑥リフレ政策
⑦社会的弱者への共感とグローバル化の被害者に寄り添う移民抑制
⑧貿易秩序の再構築・保護主義的外見

保守党大勝により指導力を強めたジョンソン首相は規制緩和、リフレ政策、米国・英連邦諸国や日本などとのFTAを推進し、トランプ大統領とともに、形骸化《けいがいか》したグローバル秩序の再構築に乗り出すだろう。

次期大統領選挙でトランプ氏が再選されれば、レーガン・サッチャーが1980、90年代の新自由主義、規制緩和の世界潮流を生み出したように、トランプ・ジョンソン連携が新しい価値観をもたらし、形骸化した民主主義の世界秩序を立て直していくことになるかもしれない。米中の世界覇権をめぐる根底的対決が、米英主導で自由主義国家群を糾合《きゅうごう》させることになるだろう。

トランプ大統領もジョンソン首相も、格差解消よりも規制緩和・ビジネス優先に重きを置く政策を採用している。これはデジタル・ネット産業革命と親和性が強く、株式市場からの受けも良い。新型コロナウイルス問題で株価には先行き不透明感が漂っているものの、ウイルス蔓延の問題が解決すれば、株価は再び上昇し、世界景気の回復はより確かなものになる。そうなれば、トランプ・ジョンソン両氏の保守自由主義思想が正当化され定着していくはずだ。

ブレグジットを実現させた英国は、いよいよ国際社会において米国との枢軸関係を構築し、ともに自由主義経済圏の繁栄を築いていくことになるだろう。

第4章

成長の壁にぶつかる中国経済

中進国の罠

10年前に日本を追い抜き、今では米国に次ぐGDP大国となった中国。なぜ中国はここまで発展できたのだろうか。

端的に言えば、中国経済がここまで大きくなれたのはフリーライド（ただ乗り）に徹した経済を人工的に作り上げたからだ。具体的には安い労働力を武器にして、中国に欠けていた技術、資本、市場を巧みに海外から獲得したからだ。外国企業の工場を中国国内に誘致し、資本を導入させるだけでなく、外国企業が持っていた優秀な技術力をあらゆる手段を使って徹底的に吸収、コピーするといったことを、国を挙げて行ったのである。

言い換えると資本、技術、市場の3点セットを、すべて適正なコストを払うことなく、海外諸国から獲得する（＝フリーライド）することによって、自国経済の発展につなげていったのである。

それは2001年に中国がWTO（世界貿易機関）に加盟し、国際的な経済社会に招き入れられたことによって実現したと言えるだろう。中国のWTO加盟を後押ししたのは米国であり、それほど当時の米国は中国を手厚く処遇した。なぜなら、中国がWTOに加盟すれば経済が開放され、いずれは政治体制も共産党一党独裁から民主主義に変わっていくはずだという楽観シナリオが信じられていたからだ。そのシナリオ通りに中国が民主化を進め、資本主義化が進めば、人口14億人の中国は非常に魅力的な市場になる。

しかし、その期待は見事に打ち砕かれた。かつて親中派の論客だったマイケル・ピルズベリー氏が『100年マラソン』を著し、今では中国脅威論の主唱者になっているように、米国はかつて中国に対して極めて寛大な政策を採っていたことを全面的に反省している。

GDPで世界第2位の経済大国となり、いずれ米国をも抜くのではないかと言われているところまで経済が発展した半面、今の中国は民主化が進むどころか、逆に共産党一党独裁体制が強化されつつある。この体制のままで中国の経済規模が米国を追い抜いたら、民主主義を前提とした資本主義が、共産主義に支配されることになる。

では、世界第2位の経済大国になり、さまざまな工業製品の半分以上が中国で生産されるようになった今、中国経済はこれまで通り高成長を続けることができるのだろうか。

ここで、中国経済がこれまでどのようなプロセスをたどって高い経済成長を続けてきたのかを整理してみよう。

1990年代に中国が「世界の工場」として資本主義の舞台に登場した当初、中国の優位性は他の国に比べて圧倒的に安い労働力のみに留まっていた。中国に進出する多くの諸外国企業は、保税地域に製品の加工・組立を行う工場を設立した。もちろん資本と技術は進出した諸外国の企業持ちだ。保税地域とは、工場を建設するに際しての設備、資材、あるいはその工場で製品を作るのに必要な原材料などを持ち込むときに、無税、あるいは税の恩典を受けることができる地域のことである。多くの先進国企業は、この保税地域に工場を建て、そこで製造した製品を中国から諸外国に輸出した。輸出関税も免除された。2000年代初頭の中国からの輸出の6割は、そうした外資系企業であった。

その後、国内産業基盤の充実、中国企業の技術のキャッチアップ、競争力の向上、資本力の充実により、中国企業が輸出の主力となった。輸出製品も当初は繊維製品など労働集約型産業が中心であったが、鉄鋼化学などの重厚長大産業、そしてエレクトロニクスなど技術集約産業へと展開し、中国は「世界の工場」としての地位を盤石なものとした。

しかし、輸出だけに頼っていては成長に限界が生じてしまう。中国には当時世界最大の12億人もの国民がいた。それだけの国民を食べさせていくうえで必要な高い経済成長を維持するためには、輸出以外のエンジンが必要になる。そこで生まれた次の牽引車が固定資産投資である。2008年、リーマンショックが起こり、世界経済は低迷期に入った。そのとき、中国は4兆元の巨額の財政出動を行って、中国国内の固定資産投資を大幅に増やし、世界経済のアンカーの役割を果たした。

固定資産投資の対象は3つある。

1つは「インフラストラクチャー」。高速道路や高速鉄道、地下鉄、空港などのインフラ整備が行われた。2つめはさまざまな工場設備で、3つめは住宅投資である。これらへの投資を強烈に行うことによって、2013年くらいまでの中国経済の高成長が牽引された。

当然、過剰投資は過剰設備を生み出して不良債権の増大につながり、経済困難に陥るのが必定だ。私も当時はそう考えていたが、実はそうならなかった。経済成長の三番目のブースターとして、個人消費が立ち上がったのだ。

その結果、投資主導の経済から消費主導の経済へとシフトし、国民の生活水準が一気に向上するのと同時に、かねてから懸念されていた都市部と農村部の経済格差問題まで解消へと向かった。今では、中国における家庭電化製品や自動車の普及率は先進国並みだ。まさに大衆消費社会となり、少なくとも沿岸部に住む人々の生活レベルは先進国にまったく見劣りしなくなった。

こうして中国は世界の圧倒的工業基地、製品サプライヤーとなっている。世界セメント生産に占める中国シェアは6割で、それをすべて中国国内で消費している。米国の過去100年間（1901〜2000年）のセメント消費は45億トンだが、中国は2011年から2013年までのわずか3年間で、その5割増しの66億トンを消費した。

また中国の粗鋼生産は2000年が1・28億トンで世界生産に対するシェアは15％に過ぎなかったが、2018年には9・3億トンとなり世界生産に対するシェアは52％に達した。2000年以降、18年間の世界増産は9・4億トンだったが、その85％は中国によって担われたのである。

さらに工作機械、建設機械、高速鉄道システム・鉄道車両でも中国市場は世界最大である。今日ではハイテク製品においても、世界生産の過半は中国である。

なぜ、投資主導経済から消費主導経済にシフトできたのか。その最大の要因は信用・債務の増加だ。企業と地方政府、そして家計がそれぞれ債務を増加させたことで、消費主導経済が加速していった。

今や中国の債務残高は、GDP比で210％と世界最大規模になっている。リーマンショック以降の10年間の主要国の債務（民間＋政府）増加額を比較すると、中国28兆ドル、米国19兆ドル、米日除く先進国10兆ドル、日本1兆ドルとなっている。いかに中国の信用膨張が頭抜けたものであったかが分かる。一方、債務の裏付けとなる資産は、各種インフラストラクチャー、企業の設備、住宅などいずれも低採算で、効率の悪いものになっていると推察される。このまま事態を放置しておけば、どこかの段階でバブル崩壊、債務や不良債権の増加、債務不履行、経済破綻という道筋をたどる恐れがある。

特に今回のコロナパンデミックによって、中国は恐らく世界中の批判の対象になるだろう。中国を拠点としている外国企業が自国、もしくは他の国に生産拠点を移転し、中国から逃避する恐れも生じてこよう。そのうえ、中国のアンフェアな通商政策に煮え湯を飲まされてきた国々が、中国に対して参入障壁を設けることも考えられる。

こうしたことの結果、中国経済は多くの成長基盤を失うことになるかもしれない。特に米中貿易摩擦は中国の成長を損なう最大の要因になるだろう。

「中進国の罠《わな》」という言葉がある。

これは新興国経済が国民1人当たりGDPが1万ドルに近づいたあたりから経済の伸びが頭打ちになり、先進国入りできないまま横ばいになってしまうことを指す。経済が成長すると労働コストが上昇し、他の新興国と比べて輸出品の価格競争力が低下する一方、先進国入りするには技術力、品質で劣るため、どっちつかずのまま経済成長が停滞してしまう。

中国の国民1人当たりGDPは、2019年で1万263ドルなので、中進国上位の水準に達している。中国経済も中進国の罠に陥り、深刻な経済停滞を余儀なくされるのではないだろうか。

ただし現時点において中国は、新型コロナウイルスを抑え込むことに成功している。民主主義国では見られない強権と、テクノロジーを活用した監視体制によって、人々の行動を強力に制限した効果が如実に表れている。今回のパンデミックにより、中国経済は大きく落ち込んだが、新規感染者数が10~30人/日と抑制されており、都市封鎖の解除、経済正常化も進展して、4~6月の生産急回復が展望できる。

政策テコ入れにより、不動産投資は前年水準を回復、自動車販売も前年比2月の9割減から4月には前年並みにまで戻っている。世界で最も早くパンデミックが起きたにもかかわらず、最も早く制圧に成功し、世界経済回復を最先端でリードしている。
2020年後半には前年比5％以上の景気の浮揚が見込まれている。

価値創造ができない中国の悲劇

しかし共産党一党独裁制を維持している限り、短期的に景気回復が実現できたとしても、その持続は難しい。中国は民主主義と市場経済を軸とした西側経済のフレームワークから締め出され、経済困難⬇金融困難⬇通貨困難⬇社会不安⬇体制危機と続く、崩壊過程に入っていく可能性が高いのではないか。

中国経済の根本的な問題点は、価値創造の仕組みがないことにある。中国における価値創造のメカニズムは2つの観点から欠陥品と言わざるを得ない。

その第一は棚ぼた、ただ乗り（フリーライド）を前提としたビジネスモデルだということである。棚ぼたがいつも与えられるという甘えた企業DNAは持続性がない。棚ぼたという僥倖《ぎょうこう》が途切れた時点で挫折《ざせつ》せざるを得ない。中国企業のこれまでの成功は、いわば追い風に支えられてきた、追い風参考記録に過ぎない。追い風を所与のものとしてきた中国のビジネスモデルは、ひとたび追い風が止まりさらには逆風に転ずれば、脆弱化せざるを得ない。

追い風とは、寛大な米国の支援で海外技術・海外市場・海外資本をフルに享受し、活用できたことである。また知的所有権のコピー・盗用、政府による中国企業の保護など労少なくキャッチアップができる条件があった。米中貿易戦争における米国側の狙いは、中国企業に与えられていた数々の追い風を全部遮断し、中国企業のコスト面でのアドバンテージを打ち消すことにある。

さらに政府主導の固定資産投資と巨額の信用創造によって内需（投資・消費）の高成長がもたらされ、労せずして売り上げを伸ばせたが、財政と信用膨張頼みの成長にも持続性がない。

第二の価値創造を阻害する問題点は政府、共産党の強力なビジネス介入、指図がイノベーションを殺してしまうということである。米国のインターネットプラットフォーマーはすべて歴史の浅い新興企業であることから明らかなように、イノベーションは権威、権力から最も遠いところで起きるものである。まして官僚がプランを描き、人と金をつぎ込むことで実現できるものではない。それなのに習近平政権は効率の悪い、収益性の低い巨大国有企業を優遇している。巨大国有企業は党官僚の利権の温床だからである。しかしその一方高収益の民間企業を冷遇するばかりか、アリババ、アント・ファイナンシャル等多くの成功した民間企業に対しては経営に党の影響力が及ぶように企業内党委員会を作り、幹部を派遣するなど支配の網を強めている。アリババ創業者ジャック・マー氏など成功した多くの民間企業経営者が退陣しているが、その背景には政権からの圧力があると指摘されている。これでは健全な価値創造を可能にするビジネスモデルが育つわけはない。

最先端のハイテクにおいては、規制で米国のプラットフォーマーの中国参入を抑えつつ、国内の有力プレーヤーを育ててきた。グーグルが世界的な検索エンジンとして成長するなか、中国は「百度（バイドゥ）」という検索エンジンを出す。アマゾンがEコマースで成功すればアリババが、あるいはフェイスブックが広まれば、「WeChat（ウィーチャット）」を出してくるというように、類似企業を作ってきた。しかし模倣《もほう》で行けるのはここまで。この先の開発展望は国家頼みとなっている。

中国経済に突破口はあるのか

どうやら袋小路に入った感のある中国経済だが、果たしてその問題を解決するための突破口はあるのだろうか。

実は、あるのだ。

そのひとつが「一帯一路」であり、人民元経済圏の確立である。過剰信用・債務と資本の過剰投入という中国政府が頭を悩ませている問題は、一帯一路構想による中国経済のグローバル化によって突破できる。

過剰な設備投資、過剰なインフラ投資によって生み出される膨大な供給力は、中国国内だけの購買力では消費し切れない。しかし、一帯一路で人民元経済圏を諸外国にまで拡大すれば、十分な需要が見込める。中東、欧州、アフリカには、まだいくらでも中国の商売相手がいる。一帯一路による人民元経済圏の確立が実現すれば、中国経済は再び成長軌道を描けるはずだ。

そこで問題になるのが、中国が人民元経済圏を創り出せるのかどうかということだ。

現在、中国が抱えている過剰債務の多くは対外債務、つまり外国からの巨額な資本流入によって支えられている。中国経済の成長力に注目した外国資本が中国に投資し、その資金で中国はさまざまな国内投資や信用創造を行ってきた。

この点が日本との大きな違いだ。日本も１９８０年代の後半、多くの国内企業、金融機関が過剰投資を行い、バブル経済を引き起こしたが、それは国内資本によるものだった。

しかし中国の場合、２０１５年前後まで行われた投資の源泉となったグローバルマネーの半分は外国資本によるものだ。外国資本は、中国経済の先行きが不穏になれば、当然中国から逃げようとする。

２０１５年に起こったチャイナショックは、中国が内包する金融面での脆弱性を露呈させた。人民元の国際化の第一歩として、中国はＩＭＦにおけるＳＤＲバスケット通貨入りを熱望していた。ＩＭＦはその条件として人民元に国際通貨としてのステイタスを整えることを求めた。具体的には資本取引の自由化と情報開示である。中国はそれに応えて２０１５年に、それまで秘されていた国際資本取引に関する統計開示と、資本移動の自由化を打ち出した。

その途端、巨額の資本流出が起きて人民元が急落し、中国発の国際金融危機との懸念か

中国経常収支とその内訳

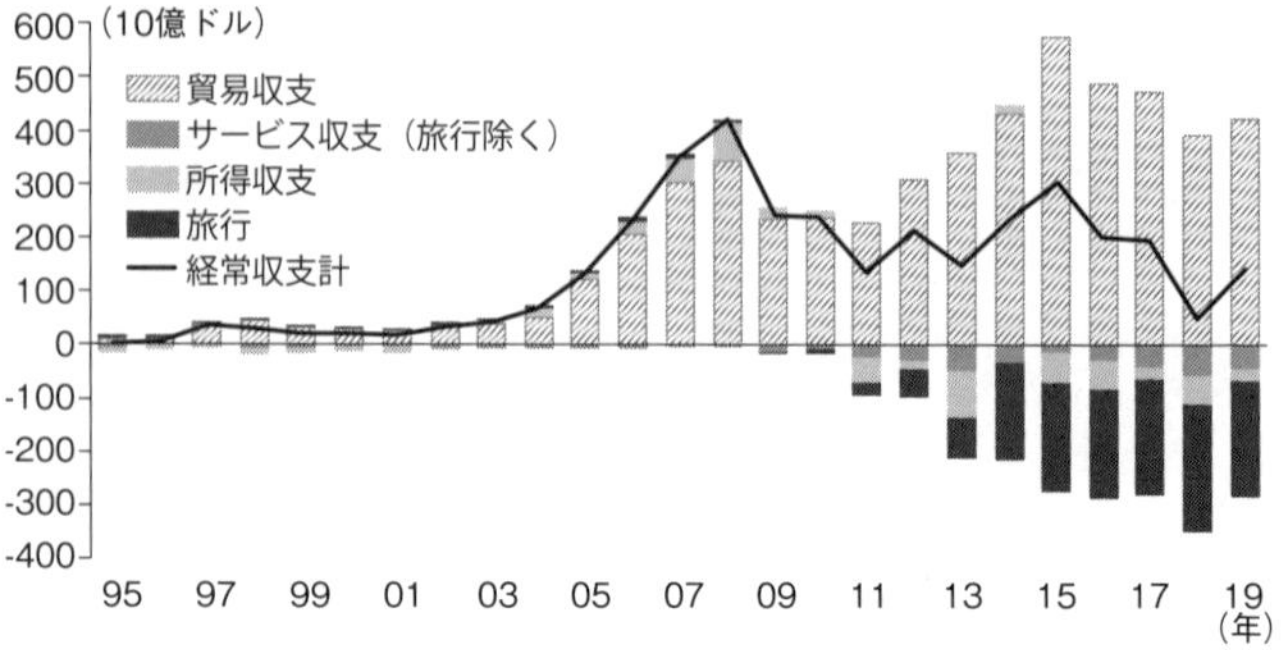

出所：中国国家外貨管理局、武者リサーチ

中国への資本流入（経常収支・資本金融収支）

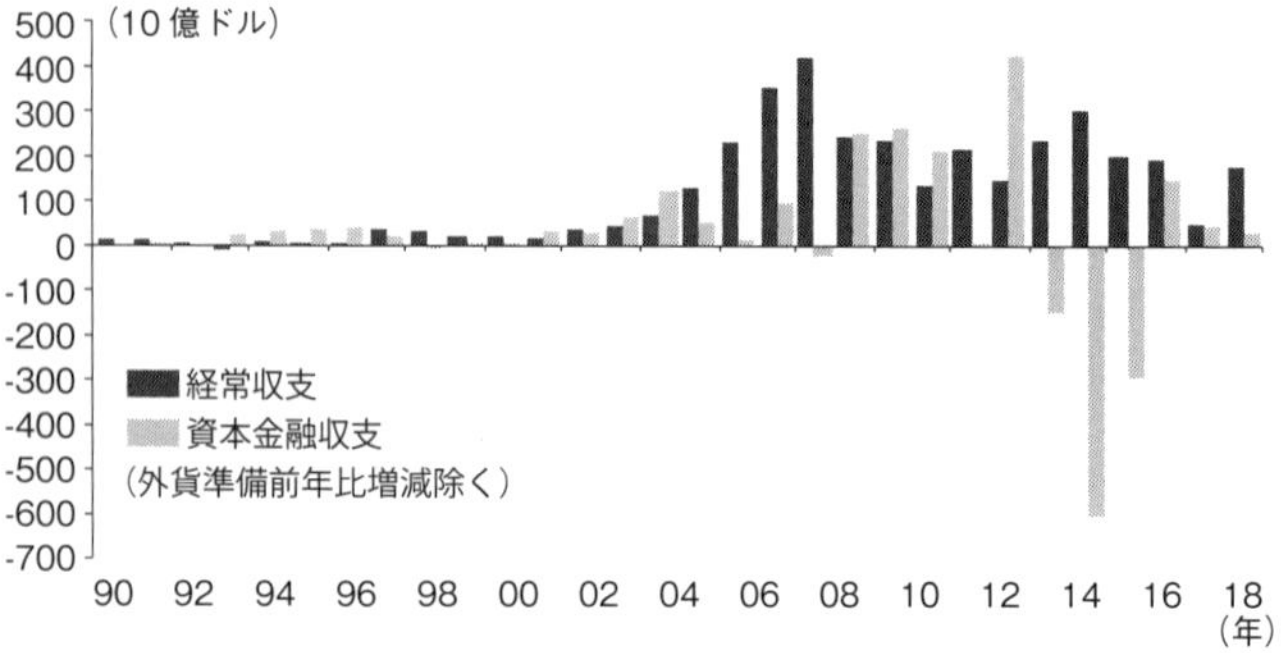

出所：国家外為管理局、武者リサーチ

外貨準備とマネーサプライ

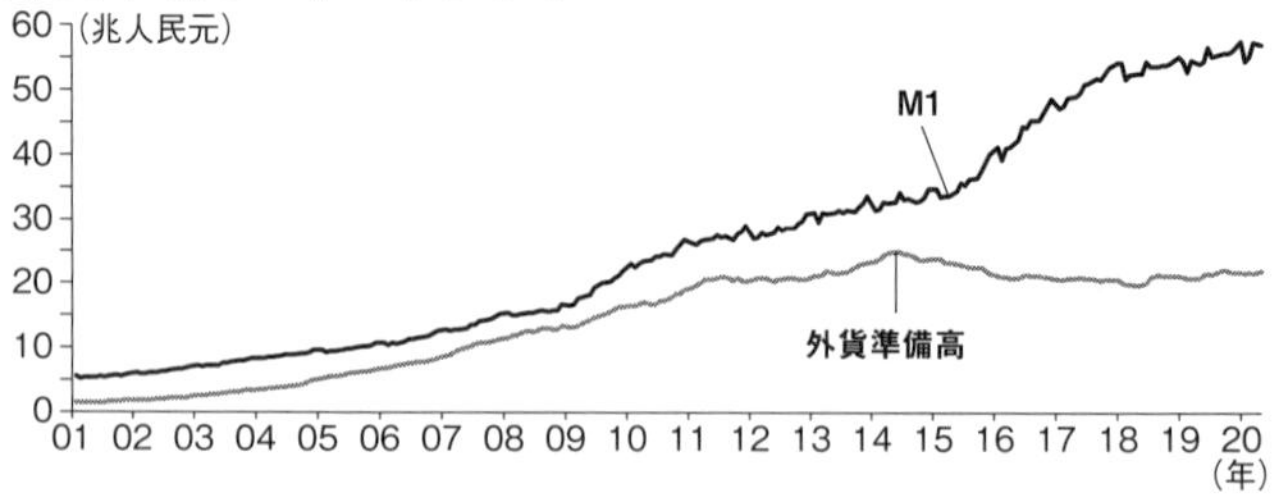

出所：中国国家外貨管理局、ブルームバーグ、武者リサーチ

ら世界的株価急落が起きたのである。2014年6月末には4兆ドルあった中国の外貨準備高は2年間で3兆ドルまで激減した。時悪しく2015年は習近平体制発足の3年目にあたり、膨張した信用、過剰投資の整理など体質改善に力点が置かれ、国内経済は調整下にあった。リーマンショック以降初めて、鉄道貨物輸送量、電力消費、粗鋼生産、不動産投資が軒並みマイナスを記録し、不動産価格、株価など資産価格が不安定化していた。バブル崩壊を恐れたグローバルマネーも、中国の富裕層もこぞって資本を海外に逃避させたのである。

この危機は中国がより厳格な資本コントロールを導入し、事実上、資本持ち出しを禁止したことで収まった。また急遽、国内経済に対しては、大幅利下げと預金準備率の引下げ、インフラ投資の増額などのテコ入れがなされた。中国の改革は棚上げとなり、中国の信用・債務増加はさらに加速したが、安定は戻った。ただし戻らなかったのは流出した国際資本である。2014年まで巨額であった中国への資本流入は完全にストップしている。資本規制により中国に投下した資本を取り戻せなくなるとすれば、新規投資が止まるのは当然である。

加えて貿易黒字の減少と旅行収支の大幅赤字により、経常収支黒字が大きく減少し始めている。経常黒字は、ピークの２００８年には４２００億ドルとＧＤＰ比９％まで増加したが、２０１８年は４９０億ドルまで低下、２０１９年は米中貿易戦争の駆け込み需要から１４００億ドルまで回復したものの、長期減少趨勢《すうせい》は変わらないとみられる。米中貿易摩擦と新型コロナショックにより各国が過度の対中依存を見直していること、中国の賃金がアセアン諸国のどこよりも高くなっていることなどマイナス要因が山積している。今後数年で中国は経常赤字国に転落するのではないか。

資本流入が止まり経常黒字もなくなるとなると、中国は外貨不足に直面することとなる。すでに２０１９年には外貨調達難に陥った企業が多発した。

だから人民元経済圏が必要なのだ。今、世界の基軸通貨は米ドルだが、人民元経済圏ができれば、中国の通貨である人民元が基軸通貨としての役割を果たすようになる。一帯一路構想に参加している国々が人民元を持ち、それをさまざまな決済、投資などに用いるようになれば、中国はシニョリッジ（通貨発行益）を手にすることになる。

現在の米国と同様に、いくら対外的に膨大な債務を抱えたとしても、輪転機を回せばいくらでも債務を返済するのに必要な資金を作り出すことができる。つまり過剰債務の問題は、一帯一路構想の完成とともに人民元経済圏を確立できれば、一気に解決してしまうのだ。中国が２０１３年に提唱し、２０１６年から開業したアジアインフラ投資銀行（ＡＩＩＢ）は、この人民元経済圏を構築するうえで必要不可欠な存在である。

中国がなりふり構わず一帯一路構想の完成を目指しているのは、こういう裏事情があるためである。

これは、まさに帝国主義だ。帝国主義とは領土を広げ、国内の過剰投資によって生み出される供給力に見合う需要を海外の市場に求めていく。侵略を重ねて領土を拡張している限り、自国内でいくら過剰投資を行ったとしても、経済はうまく回っていく。

ただ、これは言うなれば19世紀型の帝国主義である。それを21世紀の今になっても中国がやらざるを得ないところに、中国経済の苦しさが垣間みられる。

さて、一帯一路構想と人民元経済圏の完成のほかに、あとひとつ中国経済が抱えている問題を解消する手立てがある。それはハイテク分野での覇権を握ることだ。

中国が今、最も恐れているのは、海外から導入された技術と資本をもって製造した製品を、米国など海外市場に向けて輸出するというフレームワークが維持できなくなることだ。すでに米中貿易戦争によって、米国は中国からの輸入品に対して高関税を掛けている。このように、中国の商売相手である海外諸国が市場を閉鎖したら、途端に中国経済は回らなくなってしまう。

しかし、それでもまだ活路は考えられる。米国をはるかに凌駕するような技術を開発し、新しいイノベーションを起こすことによって、ハイテク分野におけるビジネスモデルを確立してしまえばよいのだ。「米国など競争相手にもならない」というところまでハイテク技術を進化させてしまえば、中国は米国と競合しない、新しいグローバルマーケットを獲得できる。再び貿易黒字が増加し外貨不安は解消する。そうすれば、一帯一路と同様、中国が抱えている問題は解決する。

「中国製造2025」に見られる中国技術のキャッチアップスピードは速い。すでに半導体を除けば、多くのハイテク製品で中国企業が圧倒的世界シェアを確保するに至っている。パソコン、スマートフォン、TVは言うに及ばず、ドローン、監視カメラ、太陽光パネル、自動車用バッテリーなどは今や中国企業の独壇場になってしまった。

また最先端の通信インフラである5Gにおいてファーウェイなどの中国企業が世界をリードしている。唯一国産化が遅れている半導体も、米国の技術流出規制措置はあるものの、高給による台湾・韓国などからの半導体技術者の引き抜き、清華大学を核にした国家的技術開発組織紫光集団の下での巨額の投資と組織的技術開発体制により長足の進歩がみられる。日本の半導体ビジネスのエースであった元エルピーダメモリー社長の坂本幸雄氏までが、その国家的プロジェクトに招へいされている。

これらハイテクのハードウェア製品群は、すでに中国深圳《しんせん》に世界最大の産業集積（クラスター）が形成されており、その隆盛は簡単には止まりそうもない。なぜ中国でこれほどまでの集積が形成されたのかだが、そのカギはかつての日本、韓国、台湾がそうであったように、資本の持続的大量投下に尽きる。そうした資本の大量投下による成功モデルが破壊されたのが日本のハイテククラスターである。日米貿易摩擦、超円高、バブル崩壊による日本のリスクマネーの消滅（＝資本コストの著しい高まり）が日本企業の投資力を急速に衰弱化させたのである。中国のハイテク覇権を許さない米国の対中貿易戦争は、日本を追い込んだのと同様の仕掛けを中国に対して構築していくだろう。それは制度、技術、資本、人材育成、企業経営すべてをかけた長期にわたる総力戦であるが、やはり鍵は資本である。後述するが、そこに実は中国のアキレス腱があるのである。

では、これらの突破口を中国はクリアできるのだろうか。

一帯一路構想と人民元経済圏の確立。そしてハイテク分野における覇権の獲得。これらをすべて中国が手にするということは、中国が覇権国として世界を支配するのと同じ意味を持つ。つまり中国が現在直面している問題を解決しつつ、さらなる経済成長を遂げるためには、米国に取って代わって世界の覇権国にならなければならない。中国は米国の覇権を尊重するかのポーズをとりつつもその実、執拗《しつよう》に世界覇権を狙っているのは、そうした経済的必要性があるからにほかならない。

だから米中は今、激しく対立しているのだ。米国にとっては、ドルの基軸通貨体制による覇権国の座を、みすみす中国に渡すわけにはいかない。だから米国は、中国に対する締め付けをどんどん厳しくしているのである。米中は正面衝突コースを歩んでいるといわざるを得ない。

徐々に狭まる中国包囲網

米中貿易戦争は終わらない。中国にとって最大のお客様だった米国は、中国に対して市場を閉ざしてしまった。米中貿易戦争が長引けば長引くほど、高関税の対象範囲がどんどん拡大され、ますます中国の対米輸出は困難になっていくだろう。コロナ発生以降、欧州諸国も中国供給依存体制のリスクを思い知らされており、中国の対欧州輸出にもブレーキがかかるのは必至である。

資本の流れに関しても、これまで以上に中国への資金流入は減少していくだろう。米国議会の対中強硬派議員マルコ・ルビオ氏などは米国公的年金の対中投資を禁止すべきだと主張しているし、トランプ大統領もそれに同調する発言をしている。中国は予想される外貨調達難を回避する狙いもあり、ＱＦＩＩ（適格外国機関投資家）の対中証券投資規制を緩和し、海外マネーを呼び込もうとしているが、スムーズにはいかないだろう。

加えて中国が一帯一路プロジェクトの一環として展開していた新興国に対する投資、融資は回収が困難である。コロナショックにより世界経済の需要が蒸発したが、そこで失われた労働集約的製品やエネルギー、鉱物資源を提供している諸国のダメージは大きい。中国がコミットしているベネズエラやスリランカ、パキスタン、アフリカ諸国等向け債権は回収が困難化するかもしれない。

そして技術分野についても、米国だけでなく欧州諸国も警戒を強めている。先進国の技術を盗む、中国に進出した企業には技術開示を求め、そっくりそのままコピーする、しかも、サイバー攻撃など不正手段で獲得した技術を使い、中国企業がグローバル市場で自分たちのビジネスの競争相手になっていく。このような不公正なビジネス習慣は、欧州諸国も容認できない。

一般的に中国は、世界で一番外貨を持っている国と思われている。なぜかというと、外貨準備高が3・2兆ドルと、世界で一番大きいからだ。参考までに日本の外貨準備高は1・3兆ドルと中国の4割しかない。

しかし、外貨準備高が多いのは事実だが、この外貨準備高が自由に使えるお金なのかという点が大きな問題になってくる。中国の対外純資産は2・1兆ドルしかないので、3・

2兆ドルある外貨準備高のうち1兆ドルは、自分で自由に使えるお金ではないことになる。
では、それは何なのかというと、外貨準備にカウントされてはいるものの、実体は海外からの投資や借金なのである。つまり、「返してくれ」と言われたら返済しなければならない類《たぐい》の資金ということだ。

逆に日本の場合、外貨準備高は1・3兆ドルで中国の3分の1強しかないものの、対外純資産は3・09兆ドルで、中国に比べて5割も多い。つまり日本は世界最大の対外純資産国、つまり世界最大の金持ち国なのだ。この点からも、中国の危うさが見て取れる。

中国包囲網はかなりの程度まで狭まってきたと考えられそうだ。そして、そういう厳しい状況下で生じたのが、今回の新型コロナウイルスによるパンデミックだったのである。

新型コロナウイルスのパンデミックは、中国経済の命脈を縮めたかもしれない。中国に生産を依存するというグローバルな分業体制、サプライチェーンが、著しい危険にさらされたからだ。

今回の「マスク騒動」も、中国に生産を委託することのリスクの高さを改めて認識させることになった。

日本と中国の対外バランスシート（資産負債残高）比較、2018年末

日本

資産	兆米ドル	%	負債・純資産	兆米ドル	%
直接投資	1.65	17.8	直接投資	0.28	3.0
証券投資	4.08	44.3	証券投資	3.18	34.5
金融派生商品	0.29	3.2	金融派生商品	0.28	3.0
その他	1.93	20.9	その他	2.39	25.9
（内貸付）	1.26	13.7	（内借入）	1.60	17.4
			負債合計	6.13	66.4
外貨準備	1.27	13.8	純資産	3.09	33.6
資産合計	9.22	100.0	負債・純資産合計	9.22	100.0

中国

資産	兆米ドル	%	負債・純資産	兆米ドル	%
直接投資	1.90	25.9	直接投資	2.76	37.7
証券投資	0.50	6.8	証券投資	1.10	15.0
金融派生商品	0.01	0.1	金融派生商品	0.01	0.1
その他	1.75	23.9	その他	1.33	18.2
（内貸付）	0.71	9.7	（内借入）	0.42	5.7
			負債合計	5.19	70.9
外貨準備	3.17	43.3	純資産	2.13	29.1
資産合計	7.32	100.0	負債・純資産合計	7.32	100.0

出所：財務省、中国国家外貨管理局、武者リサーチ

2018年度のマスク供給数は、日本国内生産が11億1100万枚で、輸入が44億2700万枚となっている。安倍首相も3月28日の記者会見で、国内に供給されているマスクの8割が中国生産であることを述べた。

こうした中国から輸入されているマスクは、日本のメーカーが仕様を決めて中国の製造委託先に発注し、でき上がった製品を日本国内に輸入して、自社ブランドで店頭販売するという流れになっている。今回、日本国内でマスク不足が生じたのは、パンデミックによって中国政府がマスクの製造委託先に対して、日本への出荷を止めさせたからだ。

しかも、中国は自国の感染拡大が一段落した途端、今度は感染爆発が起こっている欧州にマスクを輸出して、恩に着せようとしている。悪名高き「マスク外交」だ。

中国のマスク製造工場は、日本のメーカーと業務委託契約を結んでいるのだから、その契約は何にも増して優先されなければならない。そうであるにもかかわらず、中国政府の介入によって契約履行がなされないとしたら、これはアンフェアである。中国をグローバル・サプライチェーンの中核にしているような企業は、いずれリスク管理能力が問われることになるかもしれない。

ましてや米国が、中国の依存度を引き下げることに躍起になっている米中貿易戦争のさなかである。ロス米商務長官は、「中国での新型コロナウイルスの蔓延により、企業が中国の生産拠点を米国内に回帰させ、雇用が取り戻される可能性がある」という発言をして苦境にある中国に対して無神経だとの非難を浴びたが、恐らくそれは現実化する。各国企業は、中国に大きく依存しているサプライチェーンの抜本的見直しを余儀なくされるだろう。

すでにアジア新興国のなかで中国の人件費は最も高く、労働集約型産業は中国から脱出しつつあった。米中貿易戦争によって、ハイテク分野も脱中国を迫られつつある。新型コロナウイルスが中国のグローバル・サプライチェーンにおける地位を引き下げる分水嶺《ぶんすいれい》になるのは間違いない。

今後は中国の競争相手として台湾、ＡＳＥＡＮ諸国などが浮上し、両者間で価格競争が高まっていくのは必定だ。そうなれば中国の貿易、経常収支は悪化し、外貨市場におけるドルの調達難が一段と進行するはずだ。それは中国国内の金融市場における緊張を高め、バブル崩壊の土台を作る。また、度重なる財政出動と公的部門による投融資は、財政バランスを急速に悪化させていく。

ますます中国経済は隘路《あいろ》にはまり込み、いずれ習近平体制も存続の危機を迎えることになるだろう。

グローバルプレイヤーとしての適格性と習近平体制への疑義

さらに新型コロナウイルス問題は、グローバルプレイヤーとしての中国の適格性に対して疑問を投げかけることにもなった。今世界は、感染拡大を抑えることに全力を尽くしている局面だが、感染拡大が落ち着いてくれば、今度は犯人捜しが始まる。

そもそも新型コロナウイルスの発生源は何なのか。

なぜ感染が世界中に拡大してしまったのか。

これらは将来のウイルス感染予防の上でも、ぜひ解明すべきことである。

改めて言うまでもなく、中国は共産党一党独裁の政治体制を持つ国であり、国民は常に情報統制と監視の目にさらされている。それは新型コロナウイルス問題に関しても同様である。今回の感染拡大については、中国共産党の厳しい情報統制によって感染対応の初動が遅れたとか、ＷＨＯに圧力をかけて緊急事態宣言の発動を遅らせたのではないかといった疑念が生じている。

世界保健機関（ＷＨＯ）のテドロス事務局長は、チャイナマネーの支援を受けているエチオピアの出身だ。彼は感染拡大の当初、どの国よりも早くコントロールし始めたかのように見えた中国の果断な措置に対して、称賛、感謝の意を表した。だが、その姿勢は米国や英国、ドイツといった西欧主要国側の認識からは、大きく乖離している。

現在、中国は公正中立であるべき国連機関の15の専門機関において、４つの首脳ポストを握っている。国連食糧農業機関（ＦＡＯ）、国際民間航空機関（ＩＣＡＯ）、国際電気通信連合（ＩＴＵ）、国連工業開発機関（ＵＮＩＤＯ）がそれだが、中国が国際社会の発展のため、これら国連機関で公正中立な立場を貫けるのかどうか、いささか疑問が残る。

それ以上に今回の新型コロナウイルス問題は、強権的な習近平体制に対する根本的な疑義を露呈させた。

武漢市の周市長は２０２０年1月27日、中国の国営テレビに対し、「あらゆる当事者が我々の情報開示に満足していないことを承知している」と発言したが、その理由として、自身の言動が省政府・国家首脳から厳しく制限され、「地方自治体では私のもとに情報が届いても、許可を得なければ公表できない」と告白した。

２０１９年12月30日、武漢衛生健康委員会が発行した『原因不明の肺炎に対する治療についての緊急通知』がＳＮＳ上で広まった。そこには、武漢の多くの医療機関で原因不明の肺炎症例が相次いで出現し、その発生が華南海鮮市場と関連している、という内容が書かれていた。

この通知は厳格な情報報告を求め、「いかなる機関および個人も、許可を得ずみだりに治療情報を外部に発信してはならない」と強調しているが、これは当局の感染認識と情報隠蔽を示唆している。そのうえ、ネット上で新型肺炎拡散の事実を伝えた李文亮《りぶんりょう》医師を「デマを流布した」として摘発した。

その後、李氏は新型コロナ肺炎で死去した。「新型コロナウイルスの感染拡大は、言論の自由を封殺した人災である」という批判は、北京大学や清華大学の教授たちからも提起された。

また新型コロナウイルスの発生源については、広東省広州市にある華南理工大学・生物科学与工程学院の肖波濤《しょうはとう》教授たちが研究者向けサイト「ResearchGate」に投稿した論文で、海鮮市場から２８０メートルの近距離にある武漢ウイルス研究所からのサンプルや汚染ごみがウイルス流出の原因となったとの見方を示した。ところが、この論文は削除され、しかも肖教授は行方不明と伝えられている。
このように新型コロナウイルスに関しては情報統制、捏造《ねつぞう》、隠蔽《いんぺい》によって中国当局、平たく言えば習近平体制を守るための圧力が至るところに感じられる。

新型コロナ発生源・発生事情の隠匿、感染対応の初動の情報統制による遅れなどから、中国習近平政権が歴史的パンデミックの第一義的責任を負うことは国際的には周知となった。ところが潔くそれを認めるわけにはいかず、それどころか居直りを決めたようである。武漢ウイルス研究所からのウィルスの漏出か、細菌兵器開発の過程での漏出か、何か秘密にしなければいけない事情があるのだろうか。それとも国内政治配慮から強硬姿勢をとらざるを得ないのか。「あたかも放火犯が消防士を装うごとき」（ＦＴ）習近平政権の態度は、国際的孤立を加速させている。それなのにかえって南沙諸島の領有権強化、香港での民主派拘束などの強硬姿勢を強めている。

ＷＳＪコラムニスト、政治学者のウォルター・ラッセル・ミード氏は、21世紀は生物兵器の時代であり、それに備えなければならないと主張している。「某国の科学者がコロナのようなウィルスとワクチンを開発し、ウィルスを敵国に流す一方、自国民や友好国民はワクチンによって守られる」という世界があり得るのだと言う（4月28日）。それはまさしく中国を念頭に置いての主張である。トランプ大統領やポンペオ国務長官が武漢でのウィルス発生事情を追及し、ウイルス研究所の査察まで求めるのは、生物兵器化の懸念を持っているためだと思われる。

国際社会は、このように自国に不利な情報を徹底的に隠蔽しようとする体制の存続を歓迎しない。このパンデミックは、習近平国家主席を頂点とする中国共産党、そして中国という国家がグローバルプレイヤーとして不適格であることを、はからずも露呈させることになったといえる。1986年に起こったチェルノブイリ原発事故は、旧ソビエト連邦体制の情報隠蔽体質の弊害を露呈させ、ソ連崩壊の原因になったといわれている（『ゴルバチョフ回想録』）。

新型コロナウイルス問題が習近平強権体制にとって、チェルノブイリと同じような役割を果たすかもしれない、との指摘がFTなどのメディアに現れている。

もうひとつのアキレス腱、香港

新型コロナウイルスのパンデミック化によって、2019年3月から2020年1月まで連日のようにテレビや新聞で報道されていた香港民主化デモの消息が途絶えた。パンデミックによりデモはいったん終息し、その間隙《かんげき》を縫って香港政府と中国指導部は人権派の拘束、弾圧に乗り出している。しかし香港情勢、香港民主化運動とそれに対する中国政府の対応の重要性はまったく変わっていない。

現在、香港は「一国二制度」によって民主主義が認められている。このひとつの国のなかで資本主義と共産主義が併存するという制度は、中国経済にとって極めて重要な役割を担ってきた。

香港は、中国がドル資本を調達するための不可欠なゲートウェイという役割を果たしてきたからである。

グローバル資本は資本の自由が認められていない中国には直接は投資できない。中国では資本移動の自由が認められていないからだ。そればかりか、中国共産党の胸先三寸で資本規制が行われ、中国国内に投下した資本が回収できなくなるリスクも考えられる。そんなところに喜んで資本を投じる人はいない。

一方で、香港では民主主義のルールが通用し、法の支配、資本移動の自由、財産権の尊重が成り立っている。故にグローバル投資家は安心して香港には投資をする。そこで中国企業は香港経由でグローバル資本を調達する、という役割分担が成り立ってきたのである。中国は一国二制度における香港の特性を利用してきたと言ってもよいだろう。

2019年10月23日付のウォールストリート・ジャーナル紙によると、1997年以降、中国企業のIPOによる資金調達の累計額は香港市場が3350億ドル、上海市場が2680億ドルだという。香港が担っている役割の大きさがうかがえる。

銀行融資や社債発行においては、香港の重要性はさらに大きい。中国企業による米ドル建て債券発行の過半は香港で行われ、香港市場に上場されている。2018年の中国の対内直接投資1380億ドルのうち65％に相当する900億ドルは香港経由、対外直接投資1430億ドルのうち61％に相当する870億ドルは香港経由であった。

ところが、習近平政権は香港人権・民主派の弾圧など一国二制度を否定するような行為に出た。前述した2019年から2020年にかけて起こった香港の民主化デモは、こうした習近平政権に対する香港市民の抗議だったのである。

香港は19世紀に勃発した第一次アヘン戦争、第二次アヘン戦争を経て、清朝《しんちょう》から英国に割譲された土地だった。つまり英国の植民地である。したがって、地理的に香港は中国の一部ではあるものの、長年にわたってその政治・経済体制は英国と同じ民主主義、資本主義が適用されてきた。

1997年、英国は本来、永久領土だった香港島を含め、99年という期限付きで租借していた香港を中国に返還した。それに先立つ1984年、英国と中国が署名した英中連合声明において、英国が1997年に香港の主権を中国に返還し、香港は中国の特別行政区になることが明らかにされた。このとき、中国共産党政府は、鄧小平《とうしょうへい》中央軍事委員会主席が提示した一国二制度によって、2047年までは香港で共産主義を実施しないことを確約した。

このような経緯があるにもかかわらず、習近平政権率いる今の中国共産党は、香港はあくまでも中国の指導下にあるとして、圧力をどんどん強め自治権を抑制していった。それに香港市民は反発し、過去最大のデモを引き起こしたのだ。

ここで問題視されるのは、習近平氏が望むように一国二制度ではなく、「一国一制度」であることを強調し続けると何が起こるのかということだ。

香港はあくまでも中国共産党の支配下にあるという一国一制度と明確化されたら、途端に外国資本は香港からの引き揚げを図るだろう。

実際、米国はこのデモを受けてアクションを起こした。2019年11月に米トランプ大統領が署名して成立した「香港人権・民主主義法」は米国務省に、香港における「一国二制度」が機能しているかどうかを検証する年次報告書を作成するように義務付けた。そして機能していないと判断されれば、香港が受けている関税などの優遇措置、および金融的なステータスを見直すというものだ。

もし、この法律が適用されれば、中国は香港経由でドル資本が調達できなくなる。そうなると中国共産党は、香港の人権派を徹底的に弾圧することができなくなる。一方、香港の人権派は、香港の立ち位置を利用して中国共産党に徹底抗戦し続けるはずだ。この問題は、当時の最高指導者だった鄧小平が香港で共産主義を実施しないことを確約した期限である2047年までは、ほぼ平行線をたどることになるだろう。

中国分裂リスク

習近平体制が今のままの政策を続けるとしたら、中国は、西側資本主義のフレームワークから孤立化していくだろう。その先に待っているのは経済的困難である。そうであるならば、中国国内の政治家、官僚たちが習近平体制にこだわり続ける理由はなくなる。

政変によって習近平体制を一新し、他のリーダーを据えて国際社会と連携を図ろうとすることも起こり得るのではないだろうか。この場合、習近平国家主席はスケープゴートとなり、政治の表舞台からは完全に消えることになる。

「中国に集中しているさまざまな批判の原因はすべて習近平国家主席にあり、彼は政変によって失脚した。これから新しいリーダーのもとで中国は生まれ変わる」というわけだ。

しかし、習近平国家主席を他のリーダーに変えただけで、国際社会は態度を変えるだろうか。国際社会が中国を両手を広げて歓迎するとしたら、それは中国の政治体制が民主化に向けて変わることが確認されてからであろう。

とはいえ、人口14億の中国が民主化を推し進めることは容易ではない。

そもそも、あれだけの大国を誰がどういう形で統治していくのかという難関に直面するだろう。前述したように過剰な投資によって蓄積された巨額な債務問題、不良債権処理、いずれ膨張するであろう経常赤字、生産拠点の国外移転、そして根強く残されている所得格差など、乗り越えなければならない問題は山積みとなっている。

その結末は、これまでの共産党一党独裁に対する不満として民主革命が起き、それを抑えるために共産党が再び独裁を強化するというシナリオも出てくる。これは最悪のシナリオで、下手をすれば中国が北朝鮮化する恐れがある。

またかつてのソビエト連邦と同じように、現在は中国共産党と人民解放軍の圧力で抑えている自治区の独立運動が加速して、広大な中国の領土がどんどん小さくなっていくという分裂シナリオも想定できる。

現在、中国において最大の民族は漢民族で、中国国民の92％を占めているが、かつて日本がかいらい政権をつくった満州も、漢民族ではなく女真《じょしん》族の国だった。吉林省や黒龍江省は、もとを正せば「漢民族の中国」ではない。さらに、前述したように新疆《しんきょう》ウイグル自治区やチベット自治区、内モンゴル自治区、広西チワン族自治区、寧夏回族自治区も漢民族の中国ではない。

漢民族は、人口の面から見れば現在の中国国民の大部分を占めているが、それ以外の少数民族は55集団もある。こうした少数民族は、中国共産党の存在感が希薄化すれば、分離独立を目指すだろう。

かつて東側の盟主だった旧ソビエト連邦は、ロシアやウクライナ、カザフ、ジョージア、ラトビア、エストニアなど、民族によって15の共和国から構成されていたが、1991年12月にソビエト連邦が解体されたことによって、各構成共和国は主権国家として独立した。ロシアは旧ソビエト連邦のなかで、領土の大きさとしては最大だったが、それでも他の構成共和国が独立したことによって、領土は大幅に縮小された。

それと同じことが、今後の中国にも起こり得る。このようにみていくと、中国が今の経済力を維持できるかどうかは、はなはだ疑問である。

第5章

一段と有利になる日本の立ち位置

スーパーパワーとの関係性が日本の命綱①〜太平洋戦争以前

ここまで米国、欧州と英国、そして中国というように、世界経済の行方を大きく左右する国・地域の将来展望を考えてきた。

端的に言えば、米国は情報ネットワーク社会のイノベーションを牽引し、株式資本主義が強化されるなかで、さらなる高みを目指す。

欧州のうちEUから離脱した英国は、米国と協調してアングロサクソン枢軸を構築し、ともにアフターコロナ時代の資本主義世界秩序を模索していく。その一方、EUを構成する大陸欧州はユーロの解体こそ回避できるだろうが、南欧諸国のマイナスをドイツやフランスが埋め続ける形になり、経済的には困難な状況が続く。

中国も厳しい。世界の工場としての経済成長は望めず、その事態を打開するために「一帯一路」による人民元経済圏を構築して帝国化を進めたいところだが、それは米国が絶対に許さない。

こうしたなかで、果たしてわれわれ日本の立ち位置はどうなっていくのか。本章ではこの点について考えていきたいと思う。

将来を展望するうえで、まずは過去を振り返ってみる。

明治維新以降、日本が世界の表舞台で大きく成長してきた時期は、①明治維新～1920年代、②終戦～1980年代、というように2つに分かれる。非常に大雑把な分け方だが、その背景を見ていくと、この2つの時期には共通点があることに気付く。それは、いずれも世界のスーパーパワーと蜜月《みつげつ》関係にあったということだ。

スーパーパワーとは、覇権国と捉えてもらえばよいだろう。明治維新以降、日本が深い関係を持った覇権国家は、英国と米国である。そして近代日本の歴史を振り返ると、世界のスーパーパワーとの関係性が良かったときには繁栄を極めるが、逆に関係性が悪くなると、大変な困難に陥る、ということを繰り返してきたことが分かる。

まず明治維新から1920年代までを見てみよう。1929年が昭和4年だから、明治、大正、昭和初期までがこれに該当する。ちなみに1929年は、「暗黒の木曜日」と言われる米国株式市場の大暴落が起こり、世界大恐慌の引き金となった年でもある。

この間の日本は、明治維新によって一気に近代化が進み、明治においては日清戦争（1894～95）、日露戦争（1904～05）という2度の大国との戦争に勝利した。その結果、アジアにおける唯一の帝国主義列強の地位に上り詰めていった。大正は14年間という短い期間ではあったが、「大正デモクラシー」と言われるように政治、社会、文化などさまざまな分野において民主主義的、自由主義的な考え方が広まり、国際的にも日本のプレゼンスが大いに高まった。

こうした明治、大正という日本の発展期を支えた国際的フレームワークが、1902年に締結された日英同盟だった。当時は「パクス・ブリタニカ」の時代、つまり世界最強といわれた大英帝国の時代だった。

英国は世界のどの国とも同盟を結ばず、「栄光ある孤立」と称された非同盟政策をとっていた。軍事面でも経済面でも、比肩する国がどこにもない圧倒的な強さを誇っていたので、誰とも手を組まずに単独で世界を支配できる国だったのである。その大英帝国が初めて手を組んだ国が日本だった。

ここから日本の破竹の進撃が始まった。日英同盟締結から2年後に日露戦争が勃発し、日本はロシアを破ってアジアにおける覇者となったが、日露戦争における勝利は日英同盟に大きく負っている。英国と親密な関係を構築できていたから、日露戦争開戦に際して必要な戦費を、日本はロンドンの金融市場を通じて調達できたのである。

一方、英国側にも日本を唯一の同盟相手として手を組む理由があった。

19世紀から20世紀にかけての英国にとって地政学上の潜在的な脅威は、南下政策を進めるロシア帝国だった。南下政策とは、不凍港を求めて国境線を南方に拡大しようとしたロシア帝国の海洋進出政策で、バルカン半島、中央アジア、中国および極東という三方面に展開した。

1853年から1856年にかけて、黒海のクリミア半島などで行われたクリミア戦争は、直接的にはロシア帝国とオスマン帝国の戦いだったが、ロシア帝国の南下政策を良しとしない英国は、フランスとともにオスマン帝国を支援することによって、クリミア戦争に参戦した。他方、中国および極東方面の南下政策を食い止めるため、英国は日本の力を借りようと考えた。それが日英同盟につながったのだ。

したがって日英同盟は、対ロシア同盟という意味合いも含んでいるわけだ。当時、世界最強といわれた大英帝国のアジアにおける唯一の同盟国になったということで、日本は自他ともに認めるアジアの覇者となったのである。

以後、近代日本は欧米列強に追い付け、追い越せとばかりに富国強兵政策を展開した。その結果、国内経済が大きく成長しただけでなく、グローバルに飛躍する土台をも築き上げた。

しかし、それは日英同盟が維持できなくなったとき、日本のグローバルプレゼンスが大きな困難に直面することを意味する。

日英同盟は1914年に開戦した第一次世界大戦でも、日本にとって大きなプラスにつながった。というのも日英同盟があったからこそ、当時の日本は連合国側の一員として参戦することになり、結果的には戦勝国入りすることができたのである。

このように日英同盟は、明治維新以降の日本の発展に大いに貢献したわけだが、1923年に破棄されることになった。日英同盟破棄の理由については、1917年の二月革命でロシア帝政が終わり、英国にとっての仮想敵国がなくなったこともあるが、当時、新しい覇権国家として台頭しつつあった米国にとって、日英同盟は対中国政策を推し進めるうえで邪魔だったのだ。

思い起こせば、1853年、ペリー提督が艦隊を率いて日本を訪れ開国を迫ったのは、日本の開国が米国にとってメリットがあったからというよりも、中国に進出するための橋《きょう》頭堡《とうほ》として日本が必要だったからだ。

ところが日露戦争に勝利して、アジア・極東地域における帝国になりつつあった日本は、大隈重信内閣が1915年、中華民国政府に対して「対華21か条要求」を提出するなど、中国に対する進出の野望を露骨に打ち出すようになった。そのため、中国での利権を重視する米国としても看過できなくなったのだ。

恐らく当時、日本人の中には驕《おご》りの気持ちがあったのだろう。もちろん、当時は帝国主義の時代だったから、列強と呼ばれた大国は皆、海外に植民地を持っていた。

だから日本が当時、植民地を求めて海外に進出することを否定される筋合いはないはずなのだが、すでに米国、英国、フランスという大国の間でほぼ確定していた国際領土分割を、日本やドイツのような後発組が認めようとせず、割って入ろうとしたことが、大反発を買う結果となった。

満州国建国（1932年）により世界からの孤立が決定的になった。

日英同盟の破棄をきっかけにして、英国や米国といった時代のスーパーパワーとの関係性は悪化の一途をたどり、1933年の国際連盟脱退、1941年12月の米国に対する宣戦布告と太平洋戦争の開戦、そして日本の敗戦へとつながっていった。

スーパーパワーとの関係性が日本の命綱②〜太平洋戦争以降

１９４１年、日本はハワイに奇襲攻撃をかけ、太平洋戦争が開戦した。スーパーパワーである米英を敵に回しての戦いは１９４５年、日本の敗戦で終結した。主要都市は一面、焼け野原となり、日本経済が戦前の水準まで回復するには、何十年もの長い時間が必要だと言われた。

ところが実際には奇跡ともいうべき高度経済成長を遂げて、日本は再び経済大国として復活した。そしてその背景には、米国との蜜月があった。

１９４９年、中国では共産党による中華人民共和国が成立し、その1年後に朝鮮戦争が始まった。

朝鮮戦争が勃発するまでの米国の対日政策は、日本が二度と牙《きば》をむかないようにするため、教育面では徹底的な民主化政策、経済面では財閥解体などの弱体化政策が行われた。

しかし、１９５０年に朝鮮戦争が勃発し、釜山まで人民解放軍が攻めてきたことによって、米国の対日占領政策が１８０度変更された。このままでは日本まで〝赤色〟に染まってしまうということへの危機感が高まり、「平和日本、民主日本の建設」から、「アジアにおける自由主義の砦《とりで》としての日本」というように対日占領政策の方針が大きく見直された。

この方針転換に伴い、日本を民主化のモデルにしようと意気込んでいたGHQ内のリベラルな官僚グループ（ニューディーラーと呼ばれた）は米国本国に戻され、その代わりにハードライナーと呼ばれる、力の信奉者ともいうべきグループが日本に着任し、日本を米国の同盟国として再構築するという新戦略が実行されることになった。そしてこの新戦略が、戦後日本の経済を発展の基本的枠組みになったのである。

さらに1950年から始まった朝鮮戦争が、莫大な戦争特需を生み出し、日本経済が大きく飛躍するきっかけを作った。米国が日本に期待した「アジアにおける自由主義の砦」という役割と、朝鮮戦争の勃発によって生じた戦争特需が、日本の資本主義的経済発展の基礎を築き、同時に自由民主党的な戦後秩序が形作られていった。

この戦後秩序は、1951年サンフランシスコ講和条約締結と同時に調印され1952年に発効した日米安全保障条約によって結実を見ることになった。1950年に朝鮮戦争が勃発し、アジアでの冷戦構造が始まったが、その中での日本の役割が定まったのである。1950年から、ソ連の崩壊によって東西冷戦が終わった1991年までの40年間にわたり、日本は「アジアにおける民主主義の砦」という形で、米国の軍事同盟国となったのである。そして、それとともに「資本主義的な経済発展」という、日本の戦後成長の軌道も形作られていった。

この戦後成長によって、日本は空前の繁栄を享受した。1954年から1970年までの16年間にわたり、「神武景気」、「岩戸景気」、「オリンピック景気」、「いざなぎ景気」という4つの好景気が立て続けに生じ、この間の実質経済成長率は10%を超え続けるという凄まじいものだった。

なぜそれほどの大飛躍が可能になったのか。

日本には、もともと戦前から非常に強力な産業基盤があった。その産業基盤を評価した米国は、アジアにおける工業国として日本を育成し、その工業力を自由主義の砦にしようと考えたのは想像に難くない。日本は、非常に有利な産業発展のための条件を、米国から与えられたと考えられる。

その条件のひとつは技術だ。米国が持っていた技術を日本に優先的に開示してくれた。もうひとつは市場開放だ。米国という巨大なマーケットを、日本企業に開放してくれた。これによって日本企業は、米国の技術を参考にして作った製品を米国に大量輸出することによって、経済大国にのし上がっていくのである。戦後日本の経済発展は、まさに米国との蜜月によってもたらされたものといえる。

しかし、こうした蜜月関係も日本のバブル経済がピークに達した１９９０年以降、大きく変わっていった。

それに先駆け、１９８９年にベルリンの壁が壊され、東西冷戦の終結に向けたカウントダウンが始まり、１９９１年に旧ソビエト連邦が崩壊して東西冷戦が終わった。

日本と米国にとって共通の仮想敵国であった旧ソビエト連邦の崩壊は、民主主義・資本主義陣営の勝利を意味することであり、日米両国にとって喜ばしい歴史的な出来事だったが、日本にとっては自分たちの存在意義を見直さなければならないという点において、微妙な出来事でもあった。

具体的に言うと、「アジアにおける自由主義の砦」という日本の地政学的ポジションが、曖昧《あいまい》になってしまった。日米間における軍事同盟の目的は、仮想敵国である旧ソビエト連邦を抑えるためのものだったが、その仮想敵国が消えてしまった以上、もはや日米間の軍事同盟は不要という見方が広まったのである。

それと同時に、１９８０年代後半にかけて日本の産業競争力が非常に強くなり、日本が米国にとって大きな脅威となっていった。半導体や産業用エレクトロニクス、民生用電子機器、自動車など、日本企業の産業競争力があまりにも強くなり過ぎ、米国企業はほとんど太刀打ちできなくなった。そして、これらの分野において米国企業のシェアがどんどん奪われ、米国は巨額の経常赤字を抱えるまでに至った。

たとえばテレビやVTRといった民生用のエレクトロニクス製品は、そのほとんどが米国で発明・開発されたものだ。

ところが、ソニーやパナソニックといった日本の家電メーカーの台頭によって、RCAを頂点とする民生用エレクトロニクス産業は、完全に壊滅した。しかも民生用エレクトロニクス産業だけでなく、ハイテクの要である半導体産業も壊滅の危機に立たされた。

この過剰なまでの成功を、日本はフェアな競争によるものだと主張したが、米国の側からすれば、「とても受け入れられない事態」ということになる。

今の中国のように技術を盗むことまではしなかったが、前述したように日本は米国から優先的に技術の開示を受けてきた。その技術をコピーして、さらに良いものへと作り変えたのが日本の製造業だ。つまり、もともとのパテントは米国のものなのである。

そうであるにもかかわらず、日本は米国の技術をコピーし、改良した製品をどんどん米国をはじめとして世界中に販売し、もともとパテントを持っていた米国企業のシェアを奪っていったのだから、米国が危機感を抱くのは当然のことだ。そこに日米共通の仮想敵国が消滅したことで、今度は日本が米国にとって新たな脅威になったのである。

日本の増長を抑えないことには、米国の産業、雇用を守り、国際社会における米国のプレゼンスを維持することができなくなるというのが、１９９０年以降の米国のスタンスであり、ここで世界のスーパーパワーである米国と日本の関係性が大きく方向転換したのだ。

米国は徹底的に日本の経済的な優位性を削ぎ落した。日本企業の輸出競争力を引き下げるために超円高へと為替レートが誘導された。さらに日米半導体協定や日米構造協議によって貿易不均衡の是正に関する協議が行われ、スーパー３０１条によって不均衡問題が是正されない場合の制裁が導入された。また日本の著しく低い資本コストの背景にある、土地本位制と護送船団的金融システムに大変革を求めた。土地バブルの崩壊→デフレ→日本のリスクキャピタル消滅（著しい資本コストの上昇）は、米国の狙い通りの展開であった。結局、日本はこうした米国の一方的な攻勢に従わざるを得ず、日本の産業基盤は大きな後退を余儀なくされた。

この時期、日米関係がいかに悪化していたのかを象徴するエピソードがある。

旧ソ連が崩壊したことによって、それを仮想敵としていた日米安保体制の脅威がなくなったにもかかわらず、米国の軍隊は日本に駐留し続けた。よく考えてみると辻褄《つじつま》が合わない話だ。実際、米国内では「冷戦が終結して日米共通の敵がいなくなったのだから、日本を米国の納税者のコストで守る必要はない。日本から軍隊を引きあげるべきだ」という議論が出た。そのとき、沖縄に駐留していた米海兵隊司令官がこう言った。

「日米安保体制はビンのふたである」

これは、「日本に駐留している米軍の真の目的は、外の敵から日本を守ることではなく、日本の内側にある軍事的な欲望、脅威を抑止するためのものである」という意味だ。

この発言は、公式見解としては日米政府ともに認めてはいない（認めるわけはない）が、それが実態というものであろう。日本は米国の軍事的従属国であったがゆえに、米国が次から次へと繰り出してきた通商上の難題を受け容れるしかなかったのである。

つまり日本が持っていた圧倒的に強い産業競争力は、すべて円高と貿易摩擦によって奪われ、その間隙を縫って中国や韓国、台湾が台頭していった。このように考えると、世界のスーパーパワーとの関係性が、一国の繁栄の最も基本的な条件であることが分かる。

中国の台頭で再び強まる日米関係

さて、その「日米安保ビンのふた論」によって、日本が米国からひたすら叩かれる時代が今も続いているのかというと、そんなことはない。かつての「日本脅威論」も今は昔で、日本経済のプレゼンスは大きく後退した。今の日本が、米国にとって脅威となるような要素は、ほとんど見当たらない。

しかし、その一方で新たな脅威が浮上してきた。それは本書でも何度か触れているが、中国の存在である。第4章で、中国経済はこれから大変厳しい状況に直面することを説明したが、米国が中国に対してどのようなプレッシャーをかけるにしても、同盟国である日本の存在が不可欠になる。

米国は1990年代を通じて、徹底的に日本経済の封じ込めを行った。そしてその間、米国は中国に製造拠点を進出させて技術を供与し、資本まで提供したうえに、米国という巨大なマーケットまで開放した。それは米国が、経済の資本主義化に伴い、中国の民主化も進むと考えていたからだ。ペリーが日本の開国を迫ったのは、その先に中国を見据えて

近代日本の興亡と地政学レジーム

1870 ➡ 1930	驚異の離陸 ……明治維新体制下、日英同盟（1902～1923）	
1930 ➡ 1945	大破局 ……敗戦	
1950 ➡ 1990	奇跡の復興と成長 ……日米安保体制	①防共の砦
1990 ➡ 2010	長期停滞 ……日米安保変質	②安保瓶のふた
2010年代	……日米同盟再構築	③中国封じ込め

元号と株価の推移

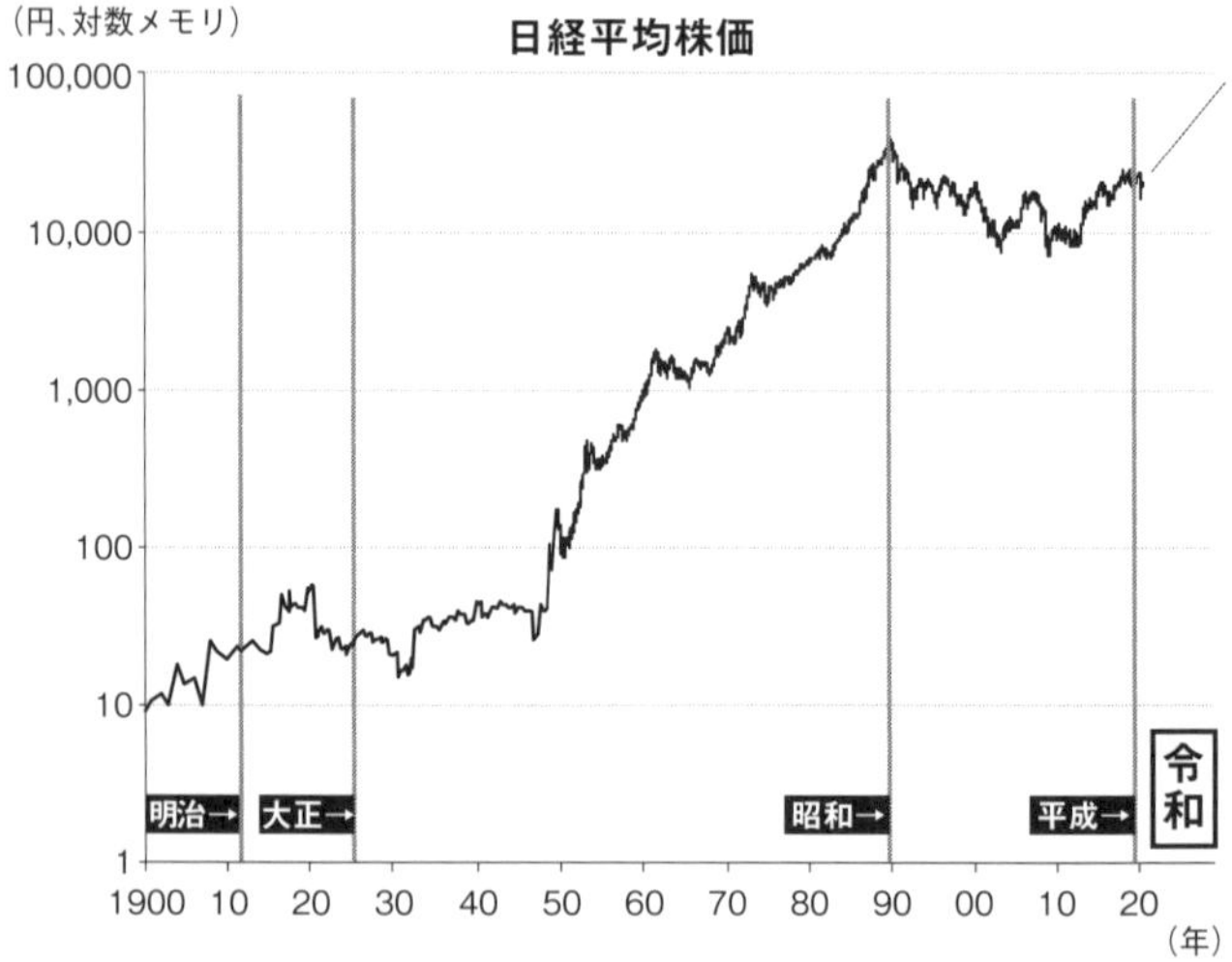

出所：stoq.com、武者リサーチ

いたからであったが米国は中国との関係を深めることによって、積年の宿願を果たそうとしたのかもしれない。

しかし、間もなくそれが大きな間違いだったことを、他の誰でもない米国自身が骨身に染みる事態に至った。民主化は一向に進まず、習近平体制のもと共産党による一党独裁支配はますます強化されたのだ。

そのうえ2014年、中国は南シナ海の南沙《なんさ》諸島海域に点在する暗礁を埋め立て、人工島を建設し始めた。現在、この人工島には駐機場や誘導路が整備されているのが確認されている。こんな巨大なプロジェクトを実行できるのは、米国の庇護《ひご》のもと、中国がどんどん経済力を高めたからだ。高い経済力と強い軍事力を持った独裁国家ほど怖いものはない。民主主義・資本主義の世界秩序の守護神である米国がこれに対峙《たいじ》するのは、当然の流れといってもよいだろう。

そして、その脅威に立ち向かうにあたって、日本が強力なパートナーになることを米国は知っている。それは、多くの国がチャイナマネーで頬を叩かれ、中国になびいているとき、日本は尖閣《せんかく》諸島をめぐって中国と徹底対立しているのを見ているからだ。

その尖閣諸島問題については当初、米国は中立の立場を取っていた。

尖閣諸島はあくまでも日本での呼び名で、中国では「釣魚島《ちょうぎょとう》」と称している。当時、この問題が米国の新聞に取り上げられるときは、両名が併記されていた。しかし、今は「尖閣諸島」としか書かれていない。それは、中国の脅威を米国がいよいよ認め、本気でこれを封じ込めようと考えている何よりの証拠でもある。

このように米国の対中国の戦略において、日本を重視する最大の理由は地政学的要請にある。

もし日本が中国側についたらどうなるか。米国は太平洋から出ていかざるを得なくなる。それはつまりアジアにおける支配力を失うのと同じ意味を持つ。米国にとって、それは決して容認できないだろう。だからこそ日本が必要なのだ。地理的に日本は中国に睨《にら》みを利かせるうえで要衝《ようしょう》となる。日本が米国側についていれば、中国もおいそれと太平洋に出ていくことができない。米国の太平洋における制海権を維持していくためには、やはり日本が必要なのだ。

これは余談だが、日本の重要性を米国に思い知らせたのは、実は鳩山由紀夫元首相ではないだろうか。鳩山元首相は米国に対し、「これ以上、日本につらくあたると米国から離れて中国に近づくよ」という素振りを見せたからだ。

これに対してオバマ大統領はカンカンになって怒ったわけだが、単に怒るだけでなく、日本が中国に呑み込まれたら、米国にとって大変なことになることを再認識したはずだ。米国の世界戦略において、日本はそのくらい重要なのである。

それに加えて、米国にとっての日本が有用なのは、地政学上の理由だけでなく、経済面の要素も大きい。日本は1990年代に深刻な対米貿易摩擦を経験し、一時は著しい経済困難に直面したが、そこから新しいビジネスモデルを構築して、貿易摩擦に対して強い対応力を備えるまでになった。実例を挙げよう。

(1) **最低関税国➡**日本の関税率は、製造業製品に関しては世界最低となっている。トランプ大統領は、究極の理想としてゼロ関税を訴えているが、製造業製品に限って言えば、日本は米国よりも関税率が低い。

(2) **グローバル・サプライチェーンが他国に比して著しく充実➡**日本の貿易黒字は一時期に比べて格段に小さくなった。日本の経常黒字の大半は、貿易収支ではなく一次所得収支によって稼がれている。一次所得収支の黒字とは現地における投資、雇用など産業活動を実施した結果生み出されたものなので、投資先となる諸外国にとっては歓迎すべきものである。他方、貿易収支の黒字は現地の雇用を奪うという側面があるので、非難の対象になりやすい。つまり一次所得収支における巨額の黒字は、日本企業が国際化を進め、グローバル・サプライチェーンの構築で他国を圧倒している何よりの証拠となる。

（3）**理想的な日米産業補完関係⬇**日本はかつて、半導体・エレクトロニクス分野などにおいて米国の産業基盤を脅かし、深刻な日米貿易摩擦を引き起こしたが、今では半導体やスマートフォン、インターネットインフラ、航空機といった米国の基幹産業部門については、ほぼ全面的に米国企業に供給を仰いでいる。一方、自動車や機械、ハイテク素材・部品など日本が優位な産業部門においては、日本企業が米国でプレゼンスを発揮する相互補完関係にあり、貿易摩擦が生じにくい構造となっている。

（4）**いち早く脱中国展開⬇**2012年、日本企業の中国拠点が中国人暴徒の襲撃を受ける事件が相次いだ。日本政府の尖閣諸島国有化に反発したためである。それを機に日本企業はいち早く脱中国を展開し、アジア一帯で工程間分業を構築している。2012年まで、日本は世界最大の対中直接投資国であり、全体の18％のシェアを持っていたが、その後、各国が対中投資を増やす中で日本は大きく抑制し、

主要経常黒字国比較（2019年）

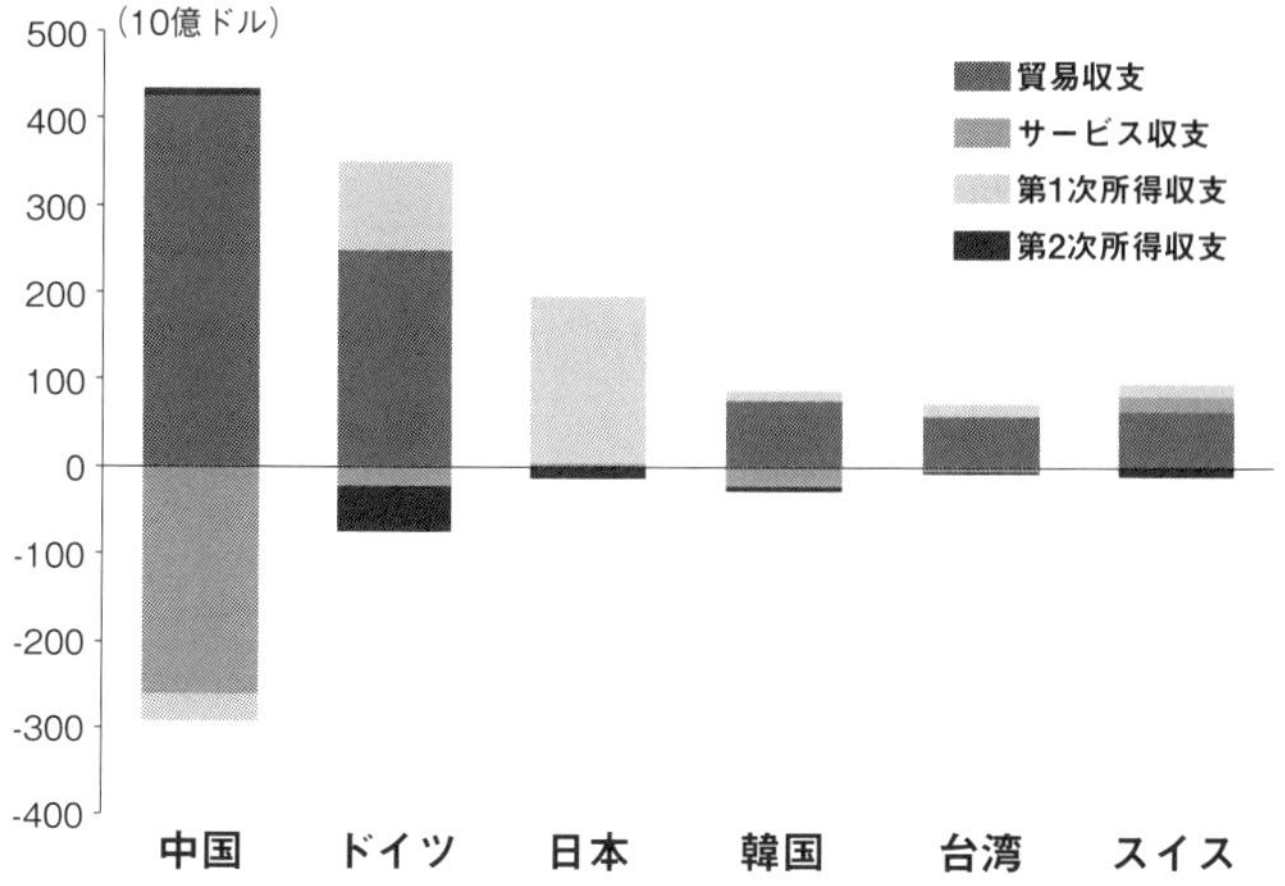

出所：OECD（台湾以外）、台湾中央銀行、武者リサーチ

２０１７年の対中直接投資額は２０１２年比で半減し、シェアは10％まで低下。順位は４位まで後退した。

このように、今の日本は経済面において極めて「米国好み」になっている。特に（３）の相互補完関係においては、日本は上手に米国の求めるものを受け容れている。たとえば、スマートフォンのシェアを見ても、アップル製が主流で、サムスンやファーウェイの製品を使っている人は少数派だ。

軍用機、戦闘機を含む航空機についても、国産化するだけの技術力は持っているが、基本的に米国から購入している。半導体も国内唯一のＤＲＡＭメーカーだったエルピーダメモリーが2012年に倒産し、米国に拠点を置くマイクロン・テクノロジーに買収された。ちなみにマイクロン・テクノロジーの広島工場は、非常に高い利益を上げている優良工場である。そして金融についても、日本でよく使われているクレジットカードはＶｉｓａ、Ｍａｓｔｅｒ、Ａｍｅｘというように、いずれも米国企業で占められている。

これらの点を鑑《かんが》みても、いかに日本が米国を受け容れているかがよく分かる。1980年代バブル期によく見られた、「もはや米国は敵ではない」などといった驕り昂《たか》ぶりは、もはやどこにも感じられない。だからこそ、米国は日本にとって有用性が高いともいえるのだ。

トランプ政権になり、米国が中国を明らかな脅威とみなすようになったことで、米国と日本の関係は、これからますます密接になっていくだろう。

前述したように、明治維新以降近代日本の経済は、スーパーパワーとの関係性を通じて大きく発展してきた。したがって、これからの日本経済の行方を考えるうえで何よりも大事なのは、この世界で一体誰がスーパーパワーなのかということだ。

現時点において、スーパーパワーを名乗れるのは米国と中国くらいのものだろう。ＥＵを中心とした大陸欧州の先行きは厳しい。英国はブレグジットによってプレゼンスを高めていくと思うが、スーパーパワーではない。そして中国は、第4章でも触れたようにこの先、非常に厳しい試練が待ち受けており、スーパーパワーにのし上がる可能性は極めて低い。強大な軍事力、強い経済力、巨大な消費マーケットを有している米国は、やはり世界唯一のスーパーパワーなのである。

それは日本の将来展望にとって、最も重要な構成要素になるはずだ。

バブル崩壊後の「失われた20年」は「日本企業を鍛えた20年」だった

1990年代からアベノミクスがスタートした2012年までの20余年を指して、多くの人は「失われた20年」というイメージを抱いている。

しかし私は決して、失われた20年だとは思っていない。この20年はむしろ「日本を鍛えた20年」だと考えている。この20年間という長期にわたる艱難辛苦《かんなんしんく》があったからこそ、アベノミクスを導火線にして、日本経済は大きく回復してきたのだ。それは、新型コロナウイルスによる経済へのダメージにも耐えうるほど強いものであると確信している。

仮にこの20年間、何の努力もしてこなかったとしたら、いくらアベノミクスで金融緩和を大胆に行ったとしても、景気が力強く反発するようなことにはならなかっただろう。多くの日本企業は試練に耐え、日本の国民、労働者は粛々とその逆境を受け容れ、空前のコスト削減を達成した。この劇的なまでのコスト構造の転換を可能にしたのは、生産性の上昇、流通の効率化、そして規制緩和である。

コスト構造を転換した結果、何が起きたのか。

1990年代初頭、世界でも有数の高物価・低効率国だった日本の物価が下がり始めたのだ。

1993年、大和総研では筆者の音頭によって「内外価格差の解消と規制緩和」という調査プロジェクトを立ち上げた。その目的は、日本の高物価の状況とその原因を、諸外国との比較によって解明することにあった。

当時、為替レートが1ドル＝107円前後で推移しているのに、円の購買力平価は190円に止まっていた。これは、内外価格差が約2倍近いことを意味している。そこで、この調査プロジェクトでは、主要21品目の価格差要因を、米国をはじめとする諸外国とのコスト構造を比較することで洗い出し、内外価格差を解消する道筋を明らかにしようとしたのだ。

日本の高物価の原因は主に3つあった。

①急激な円高の進行によって、ドルベースの人件費が著しく高くなったこと

②日本企業に本来的な高コスト構造が存在していること。具体的には流通コスト、あるいは販売管理費といった間接費負担が他国に比べて著しく大きかったこと

③規制や効率無視の企業慣行の結果、特に公共料金などが高く、それが高コスト構造をもたらしたこと

したがって、仮に円高がこのまま進むという前提があるならば、高物価を解消するために取れる処方箋《しょほうせん》は、次の3つであると判断された。

①労働生産性を引き上げて高い人件費を吸収すること

②企業のリストラと効率化、ならびに流通改革を行うこと

③規制緩和と競争促進によって、公共料金を含めた市場価格を引き下げること

実際、日本企業はそれ以降の20年間に、大変な努力を積み重ねて、世界でも有数の低コスト国になった。購買力平価で見ても、1990年代初めの1ドル＝210円台から、2012年には1ドル＝120円台まで円高が進んでいるので、米国との比較で言うと、日本の物価は過去20年間で大幅に下がったことになる。つまり、日本の高物価、高コスト構造が飛躍的に改善されたのだ。

もちろんその裏では、日本企業の絶え間ない努力が積み重ねられてきたわけだが、その結果、今の日本企業はバブル期にかけて付いた贅肉《ぜいにく》を削ぎ落し、世界的に見ても極めて競争力の強いスリム体質を身に付けたことになる。

どうして、ここまで物価を下げることができたのか。

第一に、ユニット・レーバー・コストが低下したことが挙げられる。ユニット・レーバー・コストとは、「生産1単位あたりに要する人件費」のことだ。つまり企業が一定数量のモノを作るうえで必要になる賃金である。

ユニット・レーバー・コストを引き下げるためには、仮に人件費が変わらないとすれば、生産性を引き上げることによって実現できる。つまり同じ賃金で、より多くのモノを生み出せれば、ユニット・レーバー・コストは下がる。また、生産性が変わらないのであれば、

日本企業の新領域

脱価格競争・マンマシンインターフェースと周辺技術で差別化

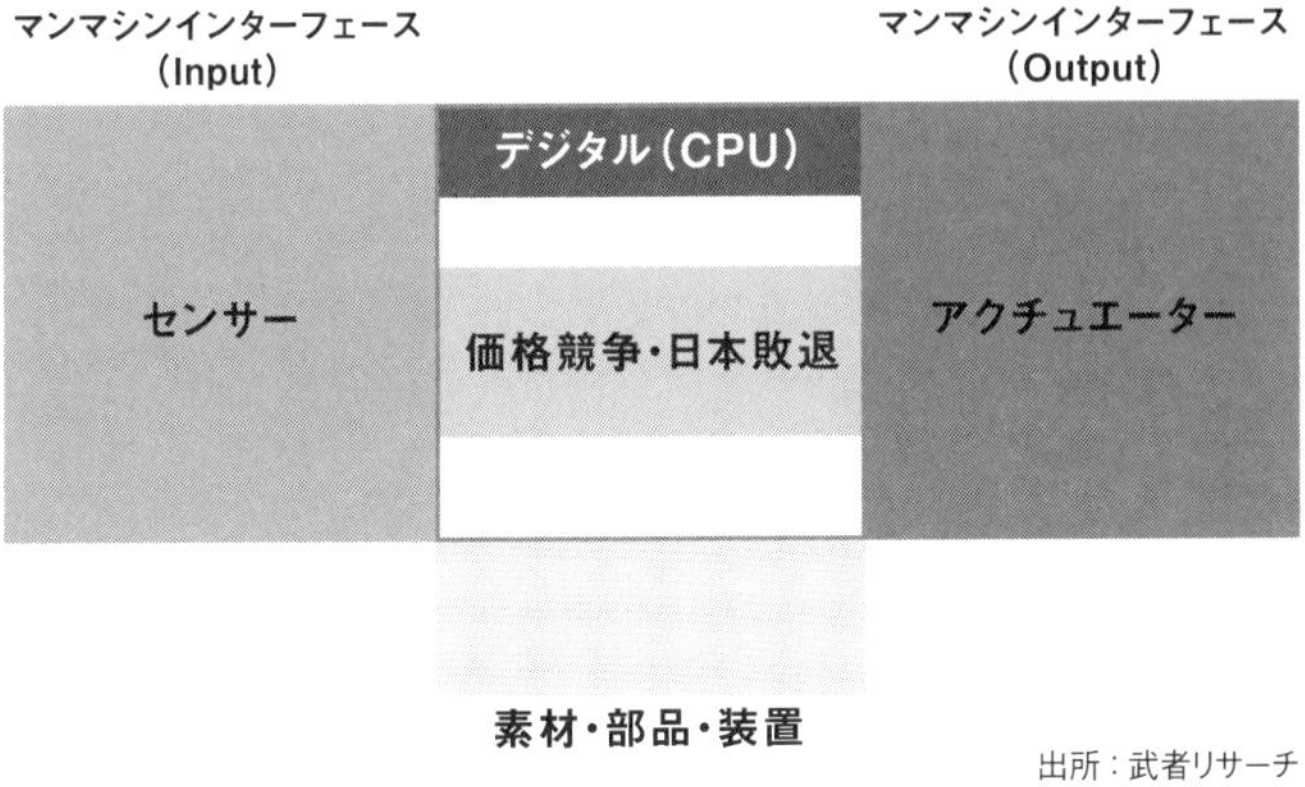

出所：武者リサーチ

賃金を引き下げることで、やはりユニット・レーバー・コストは低下する。

日本の場合、他の主要国に比べて労働生産性が上昇する一方、1人あたりの雇用者報酬が低下した。そのため、他の国に比べてユニット・レーバー・コストが劇的に低下した。

第二は、高コスト構造の是正が進んだこと。企業の間接費、販売管理費の削減が大きく進展し、流通革命も起こった。その象徴がSPA（製造小売業）という新しいビジネスモデルの急成長だ。ユニクロブランドで有名なファーストリテイリングやニトリなどは、製造から小売りまでを一貫して手掛けることによって、徹底した流通の効率化と商品の低価格化を実現した。

また、インターネットを活用した電子商取引

（Eコマース）が当たり前になり、小売市場で激しいシェア争いを展開しているコンビニエンスストアも、かつては多段階だった流通経路を大きく簡略化した。その結果、流通の効率化が大きく進展し、コストを下げる効果をもたらしたのだ。

そして第三は、規制緩和が進展したことだ。もちろん、これは時間のかかる作業になるため即効性はないものの、たとえば公共料金の内外価格差の縮小などは、まさに規制緩和と競争促進政策を導入したことによる賜物《たまもの》と言える。かつて世界で一番高かった東京の地下鉄料金は、今ではニューヨークやロンドンのほぼ半分になっている。

これらの努力を積み重ねた結果、今の日本経済は世界で最も筋肉質な経済体質を持った国になったといっても過言ではない。

ジャパン・アズ・オンリー・ワンの開花

かつてバブル経済華やかなりし1980年代は、日本全体が「Japan as Number One」を目指した。そして、さまざまな業種、ビジネス領域において、それが達成された。

1989年の上場株式時価総額を見ると、世界の上位50社中32社が日本企業だったのだ。

しかし日本がこれから先、ジャパン・アズ・ナンバー・ワンになれるものは、ほとんどないと言ってもよいだろう。スマートフォンの分野でソニーやパナソニックがアップルの牙城を崩すことなど想像もできないし、半導体分野において日本企業が世界トップシェアに返り咲く可能性も限りなくゼロに近い。

しかし、だからといって悲観する必要はまったくない。日本はJapan as Number Oneになれなくても、すでに「Japan as Only One」になっているものがたくさんあるからだ。日本には世界的ハイテク株ブームを牽引するメガプレーヤーが不在だが、メガプレーヤーを支える基盤技術、周辺技術に関して圧倒的な部分を日本が担っているのも事実である。この基盤・周辺分野は、ひとつひとつの商品分野はニッチ・小規模だが、価格競争が及びにくく、技術優位と価格支配力が維持しやすい分野である。

このように国際分業において日本がハイテク・ニッチ・ハード部門でプレゼンスを築いたことが、日本の企業収益に大きく寄与している。日本のハイテク製造業は、大企業であっても多数のニッチ基盤、周辺技術分野に特化しているのだ。

前述したように、日本企業はかつて高い価格競争力により、世界のハイテク製造業市場を席巻したが、対米貿易摩擦と円高、さらには韓国・台湾・中国などの台頭により、そのプレゼンスを奪われた。今やハイテクのグローバルメガプレーヤーは、米国、中国のインターネットプラットフォーマーと、韓国のサムスン電子、台湾のＴＳＭＣや鴻海《ホンハイ》精密工業、中国のファーウェイなど、アジアのメガハードウエア企業に占められ、日本企業はまったく埒外《らちがい》となってしまった。

しかし日本企業は価格競争から抜け出し、高い技術力や品質優位のニッチ分野に特化することで収益力を高めている。

たとえばエレクトロニクス分野について考えてみよう。

日本はデジタル分野の中枢である半導体や液晶テレビ、スマートフォン、パソコンなどの最終製品では、グローバルな競争に完敗したが、それは価格競争で太刀打ちできなかったからだ。

では、デジタル分野の中枢でプレゼンスを失った日本が一体どこで生き延びているかというと、デジタルが機能するためのインターフェースである。インプットインターフェースとしての各種センサ類、アウトプットインターフェースとしてのアクチュエーター（モーターなど）で、日本企業は圧倒的な競争力を有しているのだ。

あるいはさまざまなデジタル製品を作るうえで必要不可欠な素材、部品、装置などでも強みを発揮している。こうしたハイテクを支えるピラミッド型産業集積において、すべての要素技術を備えているのは世界でも日本だけだろう。

２０１９年、日本の輸出管理制度のなかで優遇措置の対象国とする「グループA」から韓国を除外したとき、文在寅《ムンジェイン》韓国大統領は規制対象となったフッ化水素ガスの国産化を表明した。

韓国の半導体産業が良質な製品を作るためには、日本が生産している良質なフッ化水素が必要になる。つまり韓国半導体産業のボトルネックを、日本のサプライヤーが押さえているのも同然であり、それこそが日本企業の強みでもある。

かつてサムスンが、半導体製造装置を自社で開発しようとして諦《あきら》めたことがあった。最優秀の半導体製造装置がなければ、優れた半導体を製造することはできず、低品質の自社製装置にこだわっていては半導体そのものの国際競争で後れを取ることになるからである。この半導体製造装置で、圧倒的な世界優位を築いているのが米国とともに日本企業だ。

これらの分野では多様な技術的差別化が求められ、素材や仕組みなどを駆使して、日本の得意分野である「擦り合わせ」が有効に働く。日本企業はこうしたポジションにシフトすることで価格競争から脱し、技術や品質の優位な分野にビジネスモデルを特化させてきた。

この考え方は、恐らくサービス業やその他の分野においても当てはまることであり、ここに日本の強みがあると考えられる。

たとえば環境ビジネスで、日本の優位性は顕著だ。飲料水不足を解消する純水装置、海水淡水化用の逆浸透膜、再生可能エネルギー分野など、いずれも日本企業が世界で大きくリードしている。

サービス産業も日本のお家芸だ。確かに、日本のサービス産業は生産性が低いと言われているが、それは日本のサービス業の売値が低く、低付加価値を余儀なくされているからだ。その元凶は円高デフレにあるが、今後ドル高が進めば円高デフレの影響は徐々に軽減されていく。そうなればサービス業の売値も上がり、生産性は上昇に転じるだろう。

そのうえ日本のサービス産業のクオリティが、他国の追随を許さないほど良質であることは、世界中が知っている。ホテル、レストラン、小売り、タクシー、いずれの分野においても日本は世界最高のサービスを提供している。

さらに観光資源も魅力的だ。日本は国土の70％が森林という、先進国では考えられないほどの豊かな自然環境に恵まれている。カリブのトロピカルオーシャンに匹敵する沖縄、スイスに匹敵する北海道のスキーリゾートや日本アルプスの山々、世界随一の温泉資源、ローマに負けない京都・奈良の歴史遺跡、世界一清潔な首都東京、という具合に、多様な観光資源を持ち、さらにそれらを縦横につなぐ高速道路や鉄道網が整備されている。

日本が観光分野で優位に立てるポテンシャルは、十分にあるのだ。その証拠に、新型コロナウイルスパンデミック直前まで、日本を訪れる外国人観光客数は過去最高を更新し続けていた。外国人観光客は、パンデミックの終息とともに再び日本を目指すだろう。

このように、日本は唯一無二ともいうべき魅力的な資源をたくさん持っている。それをいかに活用していくか、皆で知恵を絞ることによって、日本経済にはまだまだ成長する余地が残されているのだ。

向上する日本企業の収益力

少し前になるが、2018年4〜6月分の法人企業統計が同年9月3日に公表されたとき、海外メディアは日本企業の利益率上昇に驚愕《きょうがく》した。売上高経常利益率は全産業（除く金融保険）で7・7％、製造業で10・5％といずれも過去最高を記録したのである。

日本企業の売上高経常利益率は、高度経済成長期からリーマンショック前後まで、2〜4%の水準で推移していたことを考えると、アベノミクスがスタートしてからの5年間で2倍以上に上昇したことは画期的である。

9月10日付のウォールストリート・ジャーナル、9月13日付のフィナンシャルタイムズは、それぞれビジネスセクションの1面でこの事実を報じたが、その解釈は混乱したものであった。空前の利益率上昇であるにもかかわらず、日本の株価が低迷していたため、「企業収益の持続性に懸念がある」と説明されていた。

あえて整理すれば、①利益率の向上が十分な売り上げ増加を伴っていないこと、②リストラと各種コスト削減、企業のコーポレートガバナンス向上による生産性向上努力が利益率を引き上げた主因で、それらはいずれも一過性であること、が懸念の根拠とされていた。

懐疑論は日本国内にもあった。国内メディアはそもそも長期的観点に対する関心は低く、この歴史的とも言うべき利益率上昇の事実は、ほとんど報道されなかった。大半のエコノミストと市場参加者は、この期に及んでも相変わらず、日本の株式市場に自信が持てずにいたのである。

しかし、私自身はこの手の懐疑論に与《くみ》しない。

グローバル投資家と多くのエコノミストは、利益率の急伸をもたらしている根本原因を見落としているのではないか。その根本要因とは、日本企業のビジネスモデルの大転換であり、それに伴う海外企業収益の甚大な寄与ということである。そうだとすれば、日本企業の利益率の向上は健全であり、持続性があると考えられる。

日本の企業収益が歴史的増加局面にあることは、前述の法人企業統計の経常利益率のみならず、日銀短観などにおいても観測できる。それと連動して、ＲＯＥが着実に上昇しており、東証上場企業合計のＲＯＥは、２０１７年度に９・１％と過去最高を記録した。

この収益性向上の本質をどのように理解するべきだろうか。それは採算性つまり限界利益率の急速な向上が原因であり、それは前述の日本企業のビジネスモデルの大転換と、海外利益の寄与によってもたらされたと考える。

法人企業統計の大企業（金融保険を除く全産業で資本金10億円以上）の収益推移を分析すると、リーマンショック以降の顕著な利益率向上は、限界利益率の上昇によって牽引されていることが分かる。

他方、リストラや各種コスト削減による利益寄与は、固定費が２０１３年度で下げ止まっているので、近年の利益率向上の主な要因とは言えない。つまり、固定費水準が大幅に

日本企業の売上高経常利益率推移

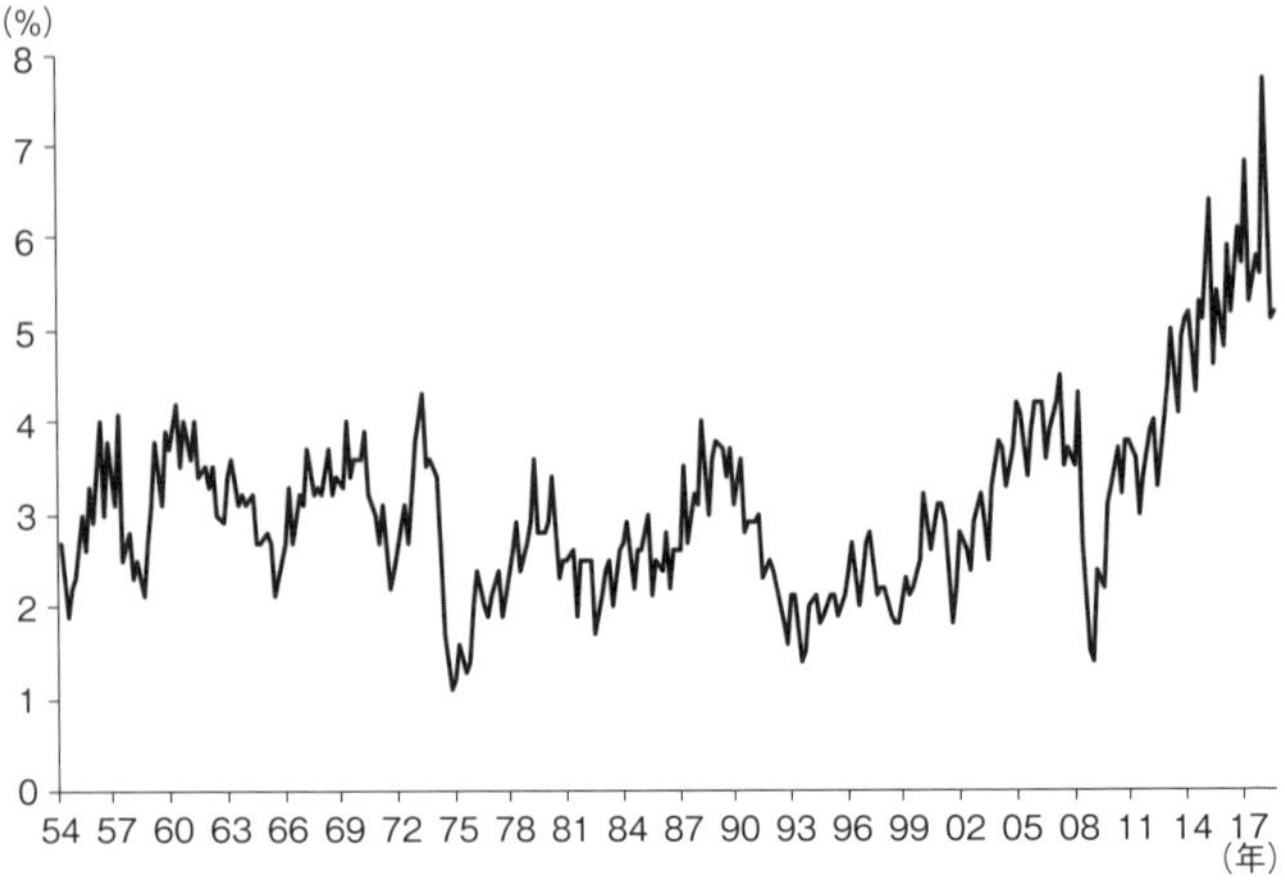

出所：財務省、武者リサーチ

低下したところに、2013年度以降の限界利益率の急伸で、損益分岐点が劇的に低下したと考えることができる。

大企業の損益分岐点売上高比率は1960年代以降、80％程度で推移していたが、2017年度には60％まで急低下している。

では、ここ数年の限界利益率の顕著な上昇は、何によってもたらされたのだろうか。これについては2つの要因が指摘できる。

第一は日本企業の価格支配力が飛躍的に高まっていることだ。前述したように、今の日本企業は価格競争から脱却し、技術品質優位に特化するオンリーワン戦略にシフトしているため、価格競争にさらされることはなく、価格支配力を維持できている。日本企業が手掛ける製品・サービスの希少性が高まっているのも、その一因だ。

第二はグローバリゼーションの進展によって、海外部門の利益寄与が向上したことだ。法人企業統計の製造業の経常利益率は、２０１３年度の５・５％から２０１７年度は７・０％へと１・５ポイント上昇したが、営業利益率は４・１％から５・１％へと１ポイントしか上昇していない。つまり利益率改善の３分の１は営業外収益の改善であり、その多くが海外子会社からの配当と考えられる。ちなみに法人企業統計は、親会社の単独決算ベースで集計されているため、海外部門の利益寄与は海外子会社による親会社への配当支払いとして認識される。

日本企業の海外部門の収益寄与がいかに大きくなっているかについては、経済産業省の「海外事業活動基本調査（２０１８年調査）」から全体像を探ってみよう。

日本の製造業の海外進出は１９８０年代、貿易摩擦と円高に対応した、電気機械と自動車産業の北米、アジア進出から始まった。特にアジア進出は現地の安価かつ良質な労働力確保が最大のねらいであり、いずれも守りの進出であったといえる。

しかし「投資決定のポイント」についての回答比は、「良質で安価な労働力が確保できる」が２００７年度の32％から、２０１７年度は16％まで低下しており、代わって市場確保と最適生産といった攻めの要因が海外進出の動機になっている。

海外進出企業における海外生産比率は、1980年代の10％台、1990年代の20％台から、直近ではほぼ4割まで上昇した。また海外雇用人員は、2010年代に入りほぼ550万人で頭打ちとなっており、日本企業のグローバル・サプライチェーンはほぼ確立し終えたとみられる。

摩擦、円高などのリスク回避から出発した日本企業の海外拠点は、今や巨大なプロフィット・センターとなっている。製造業の海外法人経常利益額を、国内法人経常利益合計額と比較すると、海外利益の比重が著しく高まってきたことが分かる。1993年度には製造業でわずか3・0％（全産業で1・3％）だった経常利益の海外対国内比率は、2000年度に16・1％（全産業で11・1％）、2005年度が16・6％（全産業で14・0％）、2010年度が35・6％（全産業で24・1％）、2017年度が25・4％（全産業で15・0％）と大幅に充実してきた。

しかも国内利益には海外子会社からの配当、ロイヤルティなどの支払いが含まれている。2018年度に製造業企業が海外子会社から受け取った収益は、ロイヤルティが約1・2兆円、配当金が約1・6兆円、その他を含め合計2・8兆円にのぼる。国内製造業の経常利益合計（法人企業統計）は27・3兆円であったので、そこから2・8兆円を差し引けば、製造業の純国内経常利益は24・5兆円となる。

他方、製造業の海外子会社の経常利益合計は6・9兆円だが、親会社への支払いロイヤルティ1・2兆円を戻して加えれば8・1兆円となる。こうして製造業にフォーカスすれば、国内の親会社対海外の子会社の利益比較は3対1の割合となる。

加えて国内親会社は、海外子会社向け販売で当然のことながらマージンを得ている。それらを考慮すれば、今や日本の製造業企業の利益の半分近くは海外部門が稼いでいる、といって過言ではないだろう。

過去20年間に、日本ほど価値創造の仕組みを転換させてきた国はないだろう。別の言い方をすれば、国際分業との関わり方が劇的なまでに変化したということだ。

2000年までは輸出主導、価格競争力主体で関わってきたのが、貿易摩擦と円高でその基礎が根底から崩れ去り、国難に等しい価値創造モデルの崩壊に遭遇した。そこから、新たに立ち直ったのである。

まとめると、その第一の要因は技術品質に特化した非価格競争、オンリーワン商品への大シフトであり、第二の要因は海外現地生産を含むグローバル・サプライチェーンの確立である。各国で最適立地に基づいて工程間分業を展開し、日本の本社が全体をオーガナイズするという企業内国際分業体制は、日本において最も発達したビジネスモデルといってよいだろう。

人口減少は大きな問題ではない

さて、もはや日本経済の発展は間違いないことがお分かりいただけたのではないだろうか。

米国は世界の覇者であり続ける。そのスーパーパワーは、中国の衰退によって無二のものとなり、英国というパートナーとともにアングロサクソンを枢軸にして、国際秩序を再構築していくだろう。

そこで思い起こしていただきたいのは、アングロサクソン枢軸関係を構成する米国、英国の両国とも、明治維新以降、日本が大きく発展したときに蜜月関係を築いてきた国であるということだ。

明治維新から1920年代までの発展期は、日英同盟によって当時の覇権国だった英国と、そして第二次世界大戦後から1990年までは今の覇権国である米国との関係によって成し遂げられた。

1990年以降、日本と米国の関係性は一時的に困難な状況になったが、今は中国が思い抱いている世界支配の野望を食い止めるため、再び強力なタッグを組むようになった。そこにかつての覇権国である英国が加わる。希望的観測を交えて、あえて図式化すれば、これからの世界経済秩序は、米英日の三極主導で再構築が進むというのが、私の大局観である。

安倍政権のブレーンでもあった外交評論家の岡崎久彦氏は「アングロサクソンとの友好関係こそ日本の国益」と説いたが、まさに岡崎氏の望んだフレームワークが確立しようとしているのだ。

このように言うと、日本に多い悲観派のエコノミスト、経済評論家は、「これから明らかに人口が減少する日本が、いくら米英と強力なパートナーシップを築いたとしても発展するはずがない」などと言い出すだろう。

確かに、日本の人口は今後、長期的に減少傾向をたどっていく。2010年、日本の総人口は1億2805万7000人だったが、2020年は1億2410万人まで減少。その後はあくまでも推計値だが減少傾向が続き、2030年が1億1661万8000人、2040年が1億727万6000人となり、2050年には1億人割れの9707万6000人、そして2060年は8673万7000人まで減少する見通しだ。

これまで経済成長著しかった中国が、14億人という巨大な人口を抱えていたことから、人口の多さが経済成長率を高めるというイメージを持っている人もいるようだが、これは明らかに間違いだ。中国の高い経済成長は、あくまでも外国、特に米国からの技術移転と資本導入、そして米国という巨大マーケットの開放によるものであって、人口が多いからではない。

人口が将来的に減少傾向をたどるからといって、経済の成長率が低下の一途をたどる、ということでもないのである。

では、人口の多寡が経済成長を規定するのではないとしたら、何がここでポイントになるのだろうか。

それは提供している商品の代替不能性である。代替不能性とは、つまり希少性のことだ。他国の企業では真似できないような製品、素材、部品などを提供できれば、それは代替不能性が高いということになる。代替不能性の高い製品を提供できれば、強力な価格支配力を持つことができる。

つまり商売相手は、言い値で買わなければならないのだ。それは、他に行っても買えないからである。日本の特に製造業は、代替不能性の高い製品を、国際分業の仕組みのなかで提供している。

逆に、最も代替不能性が低い、つまりいつでもどこでも替えが効くものは何かというと、「労働力」である。

世界の工場として君臨していた中国の強みは、何といっても安い労働力を大量に揃《そろ》えられるところにあった。そして、労働集約型の産業を中心にして、中国経済では高い経済成長が始まった。

しかし、労働力はいつでも替えが効く。特に労働集約型産業においては、その傾向が強い。グローバリゼーションの進展によって新興国の潤沢な労働力が国際市場に続々と出てくるし、AI・ロボットによる省力化も急速に進展する。

したがって、労働力が潤沢にあるから経済が強いというのは、まったくの幻想である。

たとえ人口が少なかったとしても、代替不能性が高い製品をどんどん生み出せれば、その国の経済はどんどん強くなるはずだ。つまり人口と経済成長率との間には、何の連関性もないのである。

それでも「人口が増えなければ需要が増えない。だから経済成長は落ちていく」という意見も出てくる。が、その考え方も間違っている。仮に人口が倍になったとしても、生活水準が半分に落ち込んだりしたら、経済は成長しない。逆に人口が半分になったとしても、生活水準が4倍になれば、経済規模は倍になる。つまり、経済成長を決めるのは人口ではなく、国民1人当たりの生活水準であり、1人当たり生活水準は仕事の代替不能性によって決まると考えるべきなのだ。

かつて、BRICs（ブラジル・ロシア・インド・中国）をはじめとする新興国経済が注目を集めたことがあった。そのときのロジックは、「人口が多い国ほど経済成長が期待できる」ということだったが、それは間違っている。

新興国から代替不能性の高い製品が生まれてくる可能性は、極めて低いだろう。基本的に新興国は、中国がそうだったように先進国の製造拠点であり、自ら積極的に研究開発を行うことによって高い付加価値を生み出すところまで行けていない。したがって、この分野は基本的に先進国の独壇場である。そう考えると今後、新興国が先進国を追い抜くどころか、逆に先進国と新興国との経済格差は、広がる一方であると考えることができる。

世界を見渡したとき、代替不能性の高い商品を持っている国は、まず米国であり、それに次いで日本だろう。それだけ優位にある日本の経済が、長期的に人口が減少するから大きくシュリンクしていくなどと言うのは、まったく道理にかなわぬ悲観論といえる。

新型コロナウイルスのパンデミックが一段落すれば、日本経済は米国経済とともに、力強く回復軌道を描いていくだろう。

●著者略歴

武者 陵司（むしゃ・りょうじ）

株式会社武者リサーチ代表。ドイツ証券アドバイザー、ドイツ銀行東京支店アドバイザー。

1949年9月長野県生まれ。横浜国立大学経済学部卒業後、73年大和証券株式会社に入社し、調査部配属、87年まで企業調査アナリストとして繊維、建設、不動産、自動車、電機・エレクトロニクスを担当。ニューヨーク駐在の大和総研アメリカでチーフアナリスト、大和総研企業調査第二部長を経て、1997年1月ドイツ証券入社し、調査部長兼チーフストラテジスト、2005年副会長兼チーフ・インベストメント・アドバイザーに就任。2009年7月株式会社　武者リサーチ設立、現在にいたる。

主要著作に『史上最大の「メガ景気」がやってくる　日本の将来を楽観視すべき五つの理由』（角川書店）、『結局、勝ち続けるアメリカ経済一人負けする中国経済』（講談社）、『超金融緩和の時代』（日本実業出版社）などがある。

アフターコロナ　V字回復する世界経済

2020年6月21日　　第1刷発行

著　者　武者　陵司
発行者　唐津　隆
発行所　株式会社ビジネス社
〒162-0805　東京都新宿区矢来町114番地
神楽坂高橋ビル5階
電話 03(5227)1602　FAX 03(5227)1603
http://www.business-sha.co.jp

カバー印刷・本文印刷・製本/半七写真印刷工業株式会社
〈編集協力〉鈴木雅光（ジョイント）
〈カバーデザイン〉金子眞枝
〈本文デザイン・DTP〉茂呂田剛（エムアンドケイ）
〈編集担当〉本田朋子　〈営業担当〉山口健志

ISBN978-4-8284-2193-3